RAFAEL CATOLÉ

O PODER DA GESTÃO

10 práticas

simples que transformam pequenos e grandes negócios

Labrador

Coordenação editorial Pamela J. Oliveira
Assistência editorial Leticia Oliveira, Vanessa Nagayoshi
Direção de arte Amanda Chagas
Capa Leonardo Claret
Projeto gráfico Vinicius Torquato
Diagramação Emily Macedo Santos
Preparação de texto Monique Pedra
Revisão Juliana Silva

Dados Internacionais de Catalogação na Publicação (CIP)
Jéssica de Oliveira Molinari - CRB-8/9852

Catolé, Rafael

O poder da gestão : 10 práticas simples que transformam pequenos e grandes negócios / Rafael Catolé.
São Paulo : Labrador, 2025.
160 p.

ISBN 978-65-5625-921-5

1. Administração de empresas 2. Planejamento estratégico
3. Cultura organizacional 4. Liderança 5.Empreendedorismo
I. Título

25-2877 CDD 658

Índice para catálogo sistemático:
1. Administração de empresas

2ª reimpressão - 2026

Labrador
Diretor-geral Daniel Pinsky
Rua Dr. José Elias, 520, sala 1
Alto da Lapa | 05083-030 | São Paulo | SP
editoralabrador.com.br | (11) 3641-7446
contato@editoralabrador.com.br

Dedico este livro a minha esposa, Tassiani, e meu filho, Benjamin, que me inspiram todos os dias com seu amor incondicional.

SUMÁRIO

PREFÁCIO

Rafael Catolé é, sem dúvidas, uma pessoa diferente! Já disse isso a ele incontáveis vezes e também a todos que têm a sorte de conhecê-lo. E não é à toa. Catolé é criativo, inteligente e incrivelmente ágil. Mas o que o torna realmente especial é a sua capacidade de aliar essas características a uma estruturação impecável, um traço que o diferencia como gestor e como líder.

Tive o privilégio de ser seu líder por mais de sete anos, período em que trabalhamos lado a lado em inúmeros projetos e desafios. Juntos, criamos três departamentos, incluindo um internacional, enfrentando desde as incertezas iniciais até a consolidação de grandes conquistas. Foi um período de aprendizado mútuo, superação de obstáculos e celebração de vitórias, que revelaram o comprometimento inabalável de Catolé com a excelência e a inovação.

O que mais me impressiona nele é que suas habilidades de gestão não vêm apenas de teorias ou conceitos acadêmicos. Pelo contrário: foram desenvolvidas na prática, nos desafios do dia a dia, com base em situações reais e na busca constante por resultados consistentes. É exatamente essa vivência que dá ao conteúdo deste livro um toque especial. Aqui, você não encontrará fórmulas mágicas ou lições distantes da realidade. O que Catolé oferece são ferramentas e técnicas simples, mas poderosas, que podem transformar a forma como você lidera e gera resultados.

Este livro é mais do que um guia de gestão; é um convite para aprender com alguém que vive e respira as dores e as oportunidades de empreender em sua essência. Com sua habilidade de simplificar o complexo e de transformar desafios em oportunidades, Catolé nos mostra que a gestão eficaz não é apenas uma habilidade, mas uma mentalidade.

Seja você um líder experiente ou alguém começando sua jornada, as lições aqui compartilhadas serão valiosas e, acima de tudo, práticas. Tenho certeza de que, ao final da leitura, você estará não apenas inspirado, mas equipado para implementar mudanças reais e significativas em sua trajetória profissional.

Boa leitura e sucesso!

Rafael Ivanisk Oliveira
CEO da Natural One

APRESENTAÇÃO

"A sorte favorece os destemidos."
(*Eneida*, de **Virgílio**)

Boas ideias vêm e vão.

Muitos impérios já ruíram na história da humanidade. Empresas de grande renome falharam, outras experimentaram sucesso temporário. Até personagens de grande porte, como Alexandre, o Grande, sucumbiram.

Seja nas empreitadas do Império Assírio, na Jordânia, seja no recrutamento e seleção da sua empresa, um bom processo permanece, enquanto pessoas e ideias passam com o tempo. Uma gestão forte e coerente, com princípios bem fundamentados, pode ser longeva dentro de uma empresa.

A gestão está fortemente vinculada à cultura, que, a meu ver, é o coração da empresa. Gestão e processos, por sua vez, são o sangue que precisa circular pelo corpo para seu perfeito equilíbrio e funcionamento.

Entre empresas de muito sucesso cujos fundadores não estão mais presentes no dia a dia, observo que aqueles que tiveram êxito em criar uma cultura forte deixaram legados atemporais, seja na maneira de gerir, seja no jeito de fazer negócio, pensar inovação e até no modo de controlar o caixa.

Este livro foi escrito para pessoas que se inspiram nesses exemplos e buscam maneiras de levar suas empresas para outro patamar. Aqui, apresento uma série de técnicas e estratégias que venho usando ao longo de minha carreira em empresas pequenas, médias, grandes e colossais. São dicas e orientações que considero bastante funcionais para todos os tamanhos de organização.

Não há fórmula mágica: dados e fatos são tratados com muita seriedade, de modo a elucidar as ferramentas de gestão que você poderá aplicar hoje, independentemente do tamanho da sua empresa ou departamento.

Meu conselho é ser diligente com todas as informações fornecidas e dedicar 100 dias para a implementação dessas técnicas. Por mais desafiadoras que possam parecer, elas irão catapultar seu negócio e seu modelo de gestão a outro patamar.

Dividi o livro em três partes – "Aonde queremos chegar?", "Como vamos chegar?" e "O que buscamos?" – para que possamos ter clareza sobre o *timing* de cada etapa. Aquilo que é bom leva tempo: uma laranjeira só dá fruto após 5 a 7 anos, aproximadamente. Isso significa que, para que algo bom frutifique, é necessário um tempo específico.

Por isso, eu o desafio a dar um "choque de ordem" em 100 dias, pois, se fizermos um bom trabalho de gestão nesse período, garantiremos os próximos 10 anos, evidenciando as falhas do processo e eventuais ganhos não capturados.

A modelagem do livro segue o formato do castelo representado na Figura 1, cujos pilares são Processos, Rotinas, Acompanhamentos, Metas e KPIs (*Key Performance Indicator*, ou Indicador-chave de desempenho). Na base do castelo, temos Pessoas, como pedra fundamental. No topo, temos Vendas, Melhor Gestão de Custos e, no centro, o Crescimento orgânico da companhia.

A abordagem é prática, de aplicabilidade mais veloz. Este não é um livro sobre fusões e aquisições, ou sobre qualquer tipo de manobra mais agressiva de crescimento. A ideia é que os ensinamentos contidos aqui possam ser aplicados a empresas que ainda não têm todos os processos implementados, ou para líderes que estejam assumindo desafios de gestão e precisem gerar grandes resultados no curto prazo.

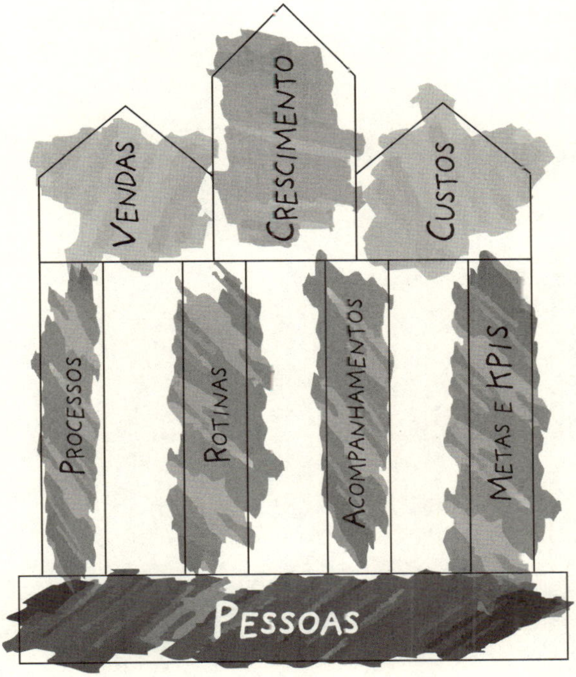

Figura 1: Pilares que sustentam a modelagem deste livro.

Agora é hora de ter coragem para tomar duras decisões, pois o processo de mudança dói, mas acredite: quando chegarmos ao outro lado do rio, você entenderá o motivo de muitos empresários de sucesso serem obcecados com gestão, rotinas, KPIs e governança.

Sei que pode parecer utópico, mas quero que este livro gere mudanças profundas em pessoas e organizações. Como tudo em minha vida, levo este propósito com muita seriedade, por isso, seu aceite é fundamental para que esse caminho dê certo.

Convido você a embarcar comigo nesta jornada. Vamos passo a passo, com calma e foco, até saltar para o próximo nível. Você topa?

INTRODUÇÃO

MINHA PAIXÃO POR GESTÃO

Sou carioca da Baixada Fluminense, nascido em São João de Meriti. Assim como boa parte dos brasileiros, sou descendente de imigrantes que chegaram ao país no século 20. Meu bisavô era assírio, de Hakari, na atual Turquia. Minha bisavó era judia, da região de Deir Zor, Síria – sua família tinha muitas terras por lá.

Com a Primeira Guerra Mundial, eles perderam tudo e ficaram com uma mão na frente e outra atrás. Foram para a Rússia, depois Argentina, Estados Unidos... até que chegaram ao Brasil, nos anos 1930.

Eram todos bons vendedores, com a ética e a lógica dos mascates. Por aqui, viram a oportunidade de montar um negócio no ramo dos colchões. Na época era um produto barato, feito de palha revestida com tecido.

As gerações seguintes da minha família cresceram nesse ambiente. A casa e a loja ocupavam praticamente o mesmo espaço. Meu avô trabalhou com meu bisavô. Meu pai trabalhou com meu avô. Eu trabalhei com meu pai.

Quando eu tinha entre 12 e 13 anos, meus pais viviam uma grande crise financeira. Na época, a família tentou expandir o negócio e abrir unidades no Nordeste. Não deu certo. Chegamos a nos mudar para Maceió, mas as três lojas que abrimos lá quebraram. Meu avô continuava cuidando das lojas no Rio, porém também não funcionou. Tudo deu errado. Foi um desastre.

Meu pai decidiu que era hora de juntar as coisas e voltarmos. Recomeçar. E foi aí que me vi também um comerciante. Aos 13 anos, ouvi do meu pai o seguinte:

– Não tem tempo para brincar aqui. Você chega da escola, almoça, toma seu banho e vem para a loja. Vou ensinar você a vender. Você vai ficar na loja enquanto eu saio para as entregas.

Era uma pequena loja, a Sheila Colchões. Foi a minha primeira escola profissional. Um negócio que meu pai abriu para salvar a família depois de perdermos tudo, no mesmo metiê que era do conhecimento da família.

Não estou aqui para romantizar esse passado ou mesmo a necessidade de um adolescente trabalhar. Era uma situação financeira turbulenta. Eu tinha de ajudar a organizar a loja, atender os clientes e vender – do contrário, não teríamos como pagar as contas do mês.

Aos poucos, fui entendendo a dinâmica do negócio e desenvolvendo algumas percepções sobre como poderíamos melhorar a gestão. Eu queria organizar a loja do meu pai e, embora não tivesse conhecimentos técnicos, conseguia perceber os gargalos. Eu olhava para aquele caderninho simples e pensava no controle, na organização do caixa, na gestão do estoque. Era um sentimento extraordinário.

Comecei a gostar de administrar uma empresa. Foi um dos sentimentos mais fortes e puros que já senti. Quanto mais me envolvi, mais crescemos, até sairmos da lama onde estávamos.

Carrego algumas boas lembranças dessa época, como os sábados em que eu vendia tanto que o dinheiro da loja nem cabia nos meus bolsos; e também momentos complicados, como quando o cartão de crédito era uma novidade e cobrei 900 reais em vez de 90 de uma cliente, por erro de digitação. Foi uma burocracia para conseguirmos desfazer a compra. Meu pai me xingou muito naquele dia.

Obviamente que o meu controle da gestão ia até certo limite. Eu era um garoto. Meu pai era o responsável.

Um dia, por volta dos meus 16 anos, saí para comprar revistinhas de super-heróis na banca e acabei mudando de ideia. Voltei para casa com um exemplar da revista *Exame*. Fiquei deslumbrado com aquele mundo. Eram pessoas importantes falando sobre negócios. Havia gente fazendo coisas de alto nível no Brasil. Aquilo mudou minha visão de mundo. Até então eu queria ter lojas de colchões; a partir daquele dia, passei a desejar ser um executivo de sucesso, gerenciar coisas grandes, empreendimentos que impactam o país.

Ali estava definida minha meta de vida: queria ser empreendedor. Sempre gostei do mundo dos negócios, talvez pelo ambiente em que cresci. Lembro do dia em que o marido da minha tia me deu uma edição da revista *HSM Management*, com o Jorge Paulo Lemann contando como tinha comprado a Brahma. Era uma entrevista bem detalhada. As fotos mostravam Jorge no sofá, bem confortável, e aquilo me marcou. Meus olhos brilharam: eu queria fazer parte desse mundo em que companhias são compradas e vendidas. Queria gerir e cuidar de empresas.

Depois de um tempo, parei de trabalhar com meu pai e comecei a ganhar minhas próprias asas. Fui office-boy, vendedor de recarga de extintor de incêndio, vendedor de roupas. Vendia o que podia. Fazia dinheiro. Ajudava com as despesas de casa e, principalmente, com meus gastos escolares.

Foi então que decidi que estudaria Administração. Botei isso na cabeça e fui direcionando meus esforços para que realmente ocorresse. Se passei minha adolescência ajudando meu pai na loja de colchões, imagino que ele tenha gostado dessa escolha. Homem de poucas palavras, não tínhamos esse tipo de diálogo. Meu pai teve uma vida muito dura, cheia de altos e baixos, mas gostava de saber que eu seguiria uma trajetória de estudos, me preparando para o futuro.

Então, fui tomando as decisões por minha conta. Tentava as coisas pelo que sentia e via. Descobri que a Pontifícia Universidade Católica do Rio de Janeiro (PUC-Rio) tinha faculdade de Administração e Economia, mas soube que era concorrido entrar. E pior: as mensalidades eram caras.

Minha meta inicial – tornar-me empreendedor – havia se desdobrado em submetas. Eu precisava não somente entrar na faculdade, mas sobretudo dar um jeito, criar uma viabilidade para conseguir me manter nela diante desse problema das mensalidades. Em 2005, passei no vestibular e consegui uma bolsa de estudos.

A própria escolha pela PUC não tem uma explicação muito consciente. Uma vez eu estava a caminho do colégio e desci do ônibus lá em frente. Achei lindo aquele prédio, no meio da montanha, com verde em volta. Nem sabia que era uma faculdade, mas me encantei.

Entrar na PUC foi também um choque de realidade gigantesco. Passei a conviver com pessoas de outra classe social, um mundo muito diferente das minhas origens e do meu passado em escola pública. Foi nesse ponto da minha vida que, ainda de forma intuitiva e sem o conhecimento que tenho hoje, percebi que era fundamental definir para onde eu pretendia caminhar.

Três anos depois, consegui o meu primeiro estágio. Em 2010, fui selecionado pelo programa de *trainee* da Ambev, o mais concorrido do Brasil – foram 26 aprovados dentre mais de 50 mil candidatos. No ano seguinte, com apenas 24 anos, eu já era gerente.

Dois anos depois, fui promovido a gerente nacional no corporativo dessa empresa gigantesca. Estava no alto. Olhava ao redor e era estimulado pelo universo do empreendedorismo. Em 2015, decidi largar tudo para conhecer o mundo das startups. Em 2016, fui COO (*Chief Operating Officer*, ou Diretor de Operações) de um dos maiores e-commerces de cosméticos do Brasil, o Beleza na Web.

Passados mais dois anos, em 2018, fui chamado para criar uma *business unit* (BU) de uma empresa 100% brasileira com ambição de ser global, a Natural One. Enquanto escrevo este livro, já estamos presentes em 15 países.

Olhando para trás, reconheço que fiz muita coisa ainda jovem. Antes dos 30, eu já acumulava grandes e relevantes experiências. E o mais legal: vivi o dia a dia de variados tipos de negócios, modelos de indústrias, em estágios de desenvolvimento completamente diferentes entre si. Em cada uma delas, pude ser um grande protagonista. Quando estava na Ambev, ainda em 2014, tive a alegria de ver meu projeto de refrigerantes retornáveis bater o recorde de *market share*. E isso é só um exemplo.

De modo resumido, esta é minha trajetória. Por conta de todas essas experiências de negócios e gestão que vivenciei, decidi compartilhar as lições que estão neste livro. Sei na prática o que dá errado. E, principalmente, sei na prática o que dá certo.

AONDE QUEREMOS CHEGAR?

Capítulo 1

GESTÃO DE OBJETIVOS

"Ambição é o caminho para o sucesso. Persistência é o veículo com que se chega a esse caminho."

(Bill Bradley)

O primeiro ponto a ser tratado neste capítulo é justamente AONDE você quer chegar. Parece óbvio, mas boas companhias, que faturam bilhões, têm resultados medíocres no balanço por quererem fazer tudo e não conseguirem entregar nada. Alguns diagnósticos empresariais podem nos ajudar nesse processo.

Qual é a sua maior dor neste momento? Você precisa de caixa para sobreviver? Aumentar as vendas? Reduzir custos fixos? Se você pensou "tudo isso", o primeiro problema que precisa resolver é a falta de foco.

Pode ser que aumentar as vendas não seja o problema real: talvez seu faturamento esteja no volume certo para o tamanho do seu negócio, mas você pode ter dimensionado o time de maneira errada, sua liquidez pode estar comprometida para o fluxo de recebíveis, ou pior: você nunca olhou para o caixa para se aprofundar no verdadeiro desafio. Daí a importância de diagnosticar sua emergência real.

Imagine um cenário em que sua empresa precisa aumentar o faturamento. Para definir sua nova meta, você precisa entender o tamanho da fatia em faturamento disponível para administrar. Existem alguns métodos para levar a cabo esse objetivo, os quais exploro melhor a seguir.

CALCULAR A TAXA MÉDIA DE CRESCIMENTO

A Taxa Média de Crescimento (%), ou CAGR (*Compound Annual Growth Rate*), é uma métrica utilizada para calcular a taxa de crescimento anual de um valor ao longo do tempo. No contexto de vendas, ela mede a taxa de crescimento constante que levaria o valor inicial de vendas a atingir o valor final dentro de um período específico.

Fórmula da Taxa Média de Crescimento (CAGR):

$$CAGR(\%) = \left(\frac{Vf}{Vi}\right)^{\frac{1}{n}} - 1$$

Em que:
Vf = Valor final das vendas
Vi = Valor inicial das vendas
n = Número de anos do período analisado

A CAGR expressa um crescimento uniforme, mesmo que as vendas tenham flutuado ao longo do tempo. Isso facilita comparações e projeções estratégicas.

Digamos, por exemplo, que nos últimos 5 anos você tenha aumentado suas vendas em 20% e que, no ano corrente, você deseja dobrar a própria taxa de crescimento e ir para um desafio de 40% em comparação ao ano anterior. Nesse método, você trabalha com o crescimento médio da empresa e aplica a taxa em cima dos seus próprios números.

BASEAR-SE NOS NÚMEROS DOS CONCORRENTES

Outra maneira de atingir esse objetivo é usar os números dos concorrentes para estabelecer uma meta de faturamento. Tem muita empresa que divulga essas informações abertamente, e elas podem se tornar uma referência para os seus negócios. Na época em que eu era o COO da Beleza na Web, montamos um painel de vendas diárias dos principais concorrentes. Basicamente, realizávamos um pedido simulado, por meio de compra em boleto. Pelo número do pedido ao longo do dia, tínhamos ideia do volume dos pedidos, por dia, por hora e até por mês. Essa tática nos ajudou inclusive a mapear os dias mais fracos e mais fortes, para atacá-los em vendas. Durante esse período, alcançamos o primeiro lugar dos e-commerces de cosméticos no Brasil.

ESTABELECER O PICO DE VENDAS COMO A NOVA MÉDIA

Essa é outra boa técnica que aprendi à frente de algumas *black fridays*. O seu pico de vendas mostra até onde sua empresa e estrutura já instaladas podem chegar, e isso é muito importante, pois evidencia o quanto de ineficiência em faturamento per capita existe na companhia.

Vamos supor que você fature todo mês uma média de R$ 60 mil. A empresa tem 30 funcionários, e seu faturamento per capita é de R$ 2.000,00 ao mês. Todavia, em meses de grande calendário, seu faturamento vai para R$ 300 mil com os mesmos 30 colaboradores, ou seja, você salta para R$ 10 mil per capita. Isso significa que você tornou cada funcionário mais eficiente e diluiu de maneira abrupta os custos fixos da sua empresa.

Nesse modelo, o intuito é estabelecer novos desafios: se a meta mais alta já foi atingida duas ou três vezes nos anos anteriores, é viável que isso ocorra de maneira mais frequente. Que tal, então, estabelecer o pico de vendas como nova média? Sem o peso do "impossível", a equipe se torna mais confiante em batê-la novamente, com mais recorrência.

TER O MERCADO COMO REFERÊNCIA

Suponhamos que você saiba o quanto seu mercado cresce em média. Nesse caso, você pode propor um crescimento a taxas superiores, como desafio para adquirir mais fatia de mercado. Se seu negócio cresce mais que a média, significa que você está conquistando *market share* de algum concorrente.

ADOTAR O FUNIL DE VENDAS / *BOTTOM-UP*

Gosto bastante desse método, principalmente quando não tenho muita informação disponível sobre o processo de vendas – desde o primeiro contato com o cliente até o fechamento da compra. Ele funciona assim: você dimensiona seu time de vendas, tenta traçar um plano de gestão do funil e verificar o quanto eles trazem de *leads* (ou seja, clientes potenciais) e a quantidade de negócios que conseguem fechar.

Vamos supor que você tenha 10 bons vendedores e cada um deles tenha esse funil de negociações: por mês, cada um traz 50 novos *leads* e *prospects* para sua carteira de clientes. Supondo que, dos 50, eles consigam fechar efetivamente 3 negócios, isso significa uma taxa de conversão de 6% (Figura 2).

Se multiplicarmos a taxa de conversão (3) pelo número de vendedores (10) pela quantidade de meses em um ano (12), isso equivale a 360 novos negócios × o ticket médio de cada um deles. Assim, você obterá seu potencial por ano de faturamento extra.

Não tem problema você criar premissas para a seu negócio: quanto mais profundo e detalhado for, melhor.

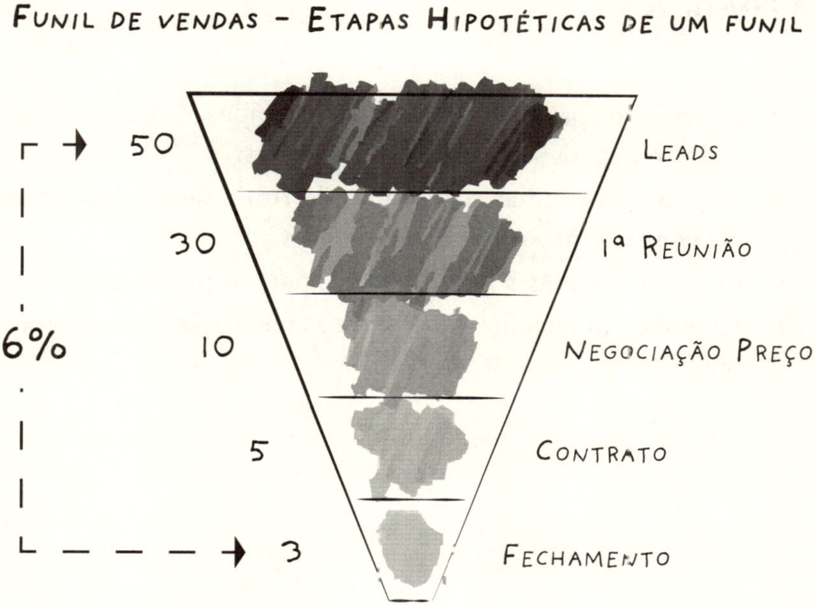

Figura 2: Funil de vendas, de acordo com o case apresentado.

Sua meta deverá ser grande, clara e quantitativa. Nenhuma meta dura para sempre, mas pense em ciclos: cada ano fiscal dura um ciclo.

No caso que estamos desenhando, nosso objetivo é aumentar as vendas, então vamos definir que a meta seja faturar R$ 50 milhões nos próximos 12 meses.

Essa meta de faturamento precisa estar clara para todo e qualquer colaborador, não importa de que departamento ele seja. Ela pode estar escrita em um papel e colada em todas as mesas, ou ainda ser a tela de descanso dos computadores. O importante é que cada pessoa tenha esses números bem claros em sua mente.

NA PRÁTICA

- ☐ Desenhe os passos do seu funil de vendas. Como você fecha negócio e quais são as etapas necessárias?
- ☐ Depois de desenhar suas etapas do funil, qual é a etapa mais eficiente e a menos eficiente?
- ☐ Quais são as suas 3 grandes metas para os próximos 12 meses?
- ☐ Desenhe um racional que mostre a construção desses 3 grandes objetivos.

Capítulo 2

GESTÃO DE METAS

"Pessoas extraordinárias têm uma coisa em comum: um senso incrível de objetivo."
(Zig Ziglar)

Existem alguns temas que, a princípio, assustam mais do que deveriam. Imaginamos que lidar com eles será algo de outro mundo, que demandará conhecimento que ainda não temos e tempo além do disponível.

Abertura e cascateamento de metas costuma ser um desses "bichos de sete cabeças" dentro da gestão, mas a verdade é que pode ser uma tarefa bastante simples, se conduzida de maneira honesta e alinhada com o momento da empresa.

O ideal é que o processo de cascateamento seja feito com toda a liderança da organização ou com pessoas-chaves. Caso sua empresa seja muito pequena e conte apenas com 5 funcionários, reúna essas 5 pessoas e dê início ao processo; não tenha vergonha nem medo.

CASCATEAMENTO

Passo 1

Vamos supor que você seja o CEO ou diretor-geral da empresa e queira criar sinergia entre as metas de cada departamento e a meta geral. Envie a grande meta para os líderes da empresa e dê a eles duas semanas no máximo para sentar com os respectivos times e pensar como irão conduzir esse processo com os demais setores da empresa.

Deixe seu time se sentir parte desse processo e analisar como a macrometa tem relação com o departamento do qual fazem parte, inclusive o setor de Recursos Humanos (RH). Após duas semanas, sente-se primeiramente com seu próprio time. Você irá se surpreender com o impacto e o poder dessa tarefa dentro da organização.

Acredite em mim, é possível que todos os departamentos tenham metas relacionadas a vendas e que elas possam ser adaptadas para que toda a empresa reme na mesma direção. No exemplo a seguir, detalho algumas metas que podem ser estabelecidas para os departamentos que tenham relação direta com a macrometa de R$ 50 milhões de faturamento.

A ideia é que os departamentos tenham de 3 a 5 metas. No entanto, para alguns deles, posso abrir mais metas com potencial de impactar diretamente a meta geral. Estudos como os de John Doerr[1] mostram que mais de 5 metas levam à falta de priorização; na mesma linha, o livro *The 4 Disciplines of Execution*, de Chris McChesney et al., sugere que equipes que tentam alcançar muitas metas acabam não alcançando nenhuma com excelência. Por isso, o intervalo de 3 a 5 metas oferece um equilíbrio entre ambição e viabilidade, permitindo que os times tenham foco, engajamento e alta performance, sem dispersão.

Cada caso é particular e tem suas peculiaridades: você terá que sentir como sua equipe e empresa vão responder a essas demandas, e isso dependerá muito da maturidade do seu negócio e das questões que

---

1 MCGINN, Daniel. How VC John Doerr Sets (and Achieves) Goals. *Harvard Business Review*, 4 de maio de 2018. Disponível em: https://hbr.org/2018/05/how-vc-john-doerr-sets-and-achieves-goals.

você realmente precisa resolver. Eu, particularmente, gosto de 3 metas, pois é um número fácil de balancear e, dessa maneira, não coloco todos os ovos em uma só cesta.

A seguir, dou exemplos de metas por departamento:

- Financeiro e Jurídico:
  - » reduzir em 50% o tempo de fechamento de contratos pelo setor jurídico;
  - » melhorar condições de empréstimos, para aumentar prazo de recebimento;
  - » negociar prazo de pagamento com fornecedores, a fim de aumentar em 60 dias o fluxo de caixa.

- Marketing:
  - » aumentar o total de campanhas em 20%, para atrair novos clientes;
  - » implementar chatbot, para aumentar retenção na base de clientes.

- Operações:
  - » melhorar em 40% o nível de serviço;
  - » reduzir o tempo médio de entrega em 5 dias.

- RH
  - » mapear os melhores vendedores e verificar qual o perfil mais indicado para os negócios;
  - » mapear as 5 piores performances de vendas e analisar necessidade de recontratação;
  - » implementar plano de treinamento e reciclagem em vendas;
  - » fechar novas vagas de vendas até uma data determinada – todos *onboard*[2], já treinados.

---

2 *Onboard (Onboarding)*: etapa do processo de recrutamento e seleção que começa após a aceitação da proposta e tem como objetivo integrar o novo colaborador à empresa de forma estruturada. Envolve o alinhamento inicial sobre cultura, valores, expectativas, processos, ferramentas e metas do cargo, garantindo adaptação mais rápida, redução de riscos de turnover e aceleração da produtividade.

Passo 2

Este é o momento de desdobrar os processos para os demais times além da liderança, usando o conceito de Planejamento Estratégico, Tático e Operacional.

Existem diferentes definições para esse conceito: alguns gestores dividem por tempo de execução; outros, por nível gerencial. Para exemplificar o modo como gosto de trabalhar, trago o exemplo de uma pessoa que pretende viajar para o Japão e cascateou essa meta de forma mais abrangente, conforme a Tabela 1.

O aspecto estratégico é minha ambição. Nesse caso, determinei que a viagem será feita em fevereiro de 2026. Quando desdobramos a estratégia nos aspectos tático e operacional, começamos a delinear "como" e "o quê".

Muitas literaturas definem objetivos de 3 a 5 anos, aspectos táticos de 1 a 3 anos; e operacionais em menos de 1 ano. No entanto, isso talvez esteja mais ligado ao nível de detalhamento e executabilidade do que propriamente à definição de um calendário.

No exemplo da tabela, mostro que as metas de Tático e Operacional acontecem quase concomitantemente, refutando, de certa forma, essas teorias.

É possível perceber ainda que classifiquei os aspectos Estratégico, Tático e Operacional em três estágios: Fumaça, Líquido e Rocha. São conceitos que eu mesmo criei, para facilitar a visualização de cada etapa da meta.

Na fase Fumaça, tudo é lúdico e bacana, mas você precisa transformar em Água e navegar pelos "comos", portanto, flexibilidade e fluidez são importantes para não errar nas métricas. Já na fase Rocha (ou sólida), existe a necessidade de execução: você precisa fazer acontecer e ser pragmático no *checklist*. Nessa fase, você realmente vê as coisas se tornarem realidade.

Esses conceitos extrapolam o Planejamento Estratégico, Tático e Operacional e podem ser aplicados também ao desenvolvimento pessoal de cada colaborador, independentemente da área de atuação dentro da empresa – um aspecto que, aliás, remete aos meus dias como vendedor de colchão na loja do meu pai. Ali, eu tinha de ser fumaça, água e rocha.

Tabela 1. Painel de planejamento estratégico, tático e operacional

Estratégico	ONDE Norte/ambição/sonho Estágio: Fumaça	Conhecer o Japão	Fev-2026
Tático	COMO Meios que vão me ajudar a conquistar minha ambição. Estágio: Água	Como ir – avião, navio	Jan-2025
		Tempo de permanência	Fev-2025
		Quais regiões quero conhecer	Fev-2025
		Elaboração do roteiro de viagem	Mar-2025
		Documentação necessária	Mar-2025
		Perfil da mala e itens de bagagem	Mai-2025
		Hotéis e promoções de hospedagem	Jul-2025
		Custos totais	Jul-2025
Operacional	O QUÊ Atividades que devo executar para realizar o sonho e mitigar meu risco de eventuais problemas e erros Estágio: Rocha	Cotar as passagens	Mar-2025
		Ter documentação do visto pronta	Abr-2025
		Comprar passagens	Jun-2025
		Tirar o visto	Ago-2025
		Fechar hotéis para cada cidade	Ago-2025
		Comprar roupas para estação próxima da viagem	Set-2025
		Verificar câmbio e comprar iene	Nov-2025
		Liberar cartão de crédito para uso internacional	Dez-2025

Minha visão de empresa é que todo negócio precisa mesclar tais posturas e perfis que destaquem mais cada uma dessas características. Quando eu recebia um cliente em busca de um novo colchão, puxava assunto, queria entender o perfil dele:

– Você é casado?

– Do que sua mulher gosta?

– Vocês assistem à televisão na cama, leem no quarto, passam tempo deitados, relaxando?

Enquanto navegava pelos gostos e apresentava qualidades como maciez e conforto, eu buscava seduzir pelo lúdico. Vendia ali um desejo por uma noite mais gostosa e o agrado à parceira. Fazia com que o sujeito não só se convencesse de que precisava do colchão — fazia com que ele pensasse que, se comprasse aquele colchão, estaria trazendo mais felicidade a quem ele amava. Nesse ponto, eu estava sendo fumaça: sublimava conteúdo e conquistava meu potencial cliente.

E então eu começava a descrever meu produto ideal. Dizia que aquele colchão era isto e aquilo, que tinha a densidade ideal para o que ele procurava, que era fácil de limpar, impermeável, que durava 15 anos, que podia ser parcelado em 10 vezes sem juros. Comparava com equivalentes de outras marcas, sempre demonstrando que o meu era mais vantajoso. Explicava a tecnologia inovadora, que fazia com que ele nunca deformasse ou perdesse seu viço. Explicava mesmo: contava que tinha sido desenvolvido por engenheiros de determinado instituto, que eles haviam testado uma série de novos materiais e que aquele exemplar reunia o suprassumo das pesquisas mais avançadas acerca da qualidade do sono.

Esbanjava informação, demonstrando profundo conhecimento e uma genuína capacidade de ouvir meu cliente, para me adaptar aos desejos dele. Eu estava sendo maleável e fluido. Ali, eu era líquido.

A essa altura, o sujeito já estava convencido de que o meu colchão era o produto perfeito que faltava em sua vida, a melhor opção disponível no mercado brasileiro. Mas, diante de um investimento alto, ele vinha com aquela reação comum de "vou pensar". Então eu precisava me tornar rocha. Não poderia deixar que ele saísse sem fechar negócio; não poderia correr o risco de que ele mudasse de ideia depois de cruzar a porta da minha loja.

Meus argumentos eram incisivos, diretos, oportunistas. Explicava que nossa loja era a representante exclusiva, em todo o Rio de Janeiro, daquela marca, então ele não iria encontrar nenhuma peça equivalente no mercado. Dizia que somente naquele dia eu tinha 20% de desconto já aprovado pelo meu gerente – no caso, meu pai. E poderia aumentar o parcelamento de 10 para 20 vezes, sem juros. Dizia mais:

– Esta é a última peça que tenho em estoque e só hoje outras três pessoas vieram aqui, namoraram o colchão e ficaram de pensar. Vou ser obrigado a vender para o primeiro que retornar. E o fornecedor já falou que tem uma tabela nova de preços, ou seja, a nova leva vai vir muito mais salgada.

Em outras palavras, o funcionário ideal tem de ser sonhador feito fumaça, maleável como água e teimoso igual a uma pedra. Tem de sonhar com o cliente. Tem de ser capaz de conduzir o sonho do cliente e lapidar esse sonho, criar uma forma que rime com o produto que ele tem para vender.

Precisa contar com as três características, sabendo dosá-las e equilibrá-las. Sabendo vestir a roupa certa na hora certa. As pessoas compram ideias, compram encantamento. Não dá para ser duro o tempo todo – mas é preciso demonstrar solidez nos argumentos. E, uma vez que nem todo mundo desempenha tão bem essas três facetas, um bom gestor é aquele que consegue ter elementos em sua equipe que correspondem a tais características.

O profissional fumaça encanta, só que não tem robustez. O rocha é duro, muito cartesiano, muito seco. Aquele que é água, maleável, também precisa tomar cuidado para não evaporar.

Essa capacidade de transmutar conforme o momento da empresa e o estágio do planejamento não está restrita à figura do vendedor: ela pode e deve ser aplicada a qualquer departamento, da liderança à base. Assim, cada time pode ser etéreo, líquido e sólido de acordo a necessidade, para que haja o menor número de obstáculos possível – seja qual for o nível das metas.

METAS DE SEGUNDO NÍVEL

É nesse ponto do planejamento que desdobramos aquela meta principal, de R$ 50 milhões, para todos os níveis da área. Independentemente de haver 10 ou 1.000 funcionários na área comercial, o conceito e a aplicabilidade são os mesmos.

Devemos pensar de forma mais ampla no ambiente da empresa e depois ir afunilando, *encaixando* as pessoas dentro dessa macrometa. Antes disso, contudo, precisamos pensar em alguns pontos, levando em consideração os tais R$ 50 milhões:

1. faturamento mensal: observar as últimas curvas do ano, para considerar sazonalidade;
2. ticket médio de cada negócio: aplicar determinada porcentagem de inflação, para "esticar a corda";
3. faturamento com novos clientes;
4. faturamento da base atual (crescimento em %);
5. crescimento de vendas de novo produto (imagine que lançaremos um novo produto no portfólio);
6. expansão de nova região (*greenfield*): imagine que atendemos apenas três regiões metropolitanas do país e teríamos potencial claro de expansão para mais dois, pelo menos.

Essa lista, na qual citamos apenas seis itens, apresenta fatores que influenciam diretamente uma macrometa.

Não há necessidade de explorar mais detalhes – tipo de empresa ou produto, por exemplo – porque TUDO é venda. De preservativo a pacote de software, a mecânica é sempre muito parecida; o que irá mudar são os meios e o perfil profissional a conduzir o processo da venda.

A seguir, a Figura 3 ilustra, de forma simplificada, o que chamamos de *buildup*, ou seja, os macroelementos que compõem a nossa meta geral, tendo como o ponto de partida, nesse caso, o faturamento do ano anterior.

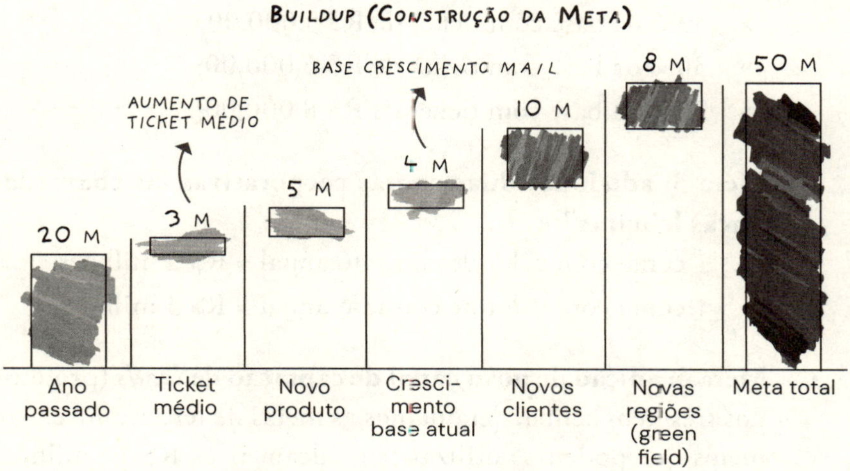

Figura 3: Gráfico de buildup - construção da meta de faturamento de R$ 50 milhões.

Na Figura 3, ramificamos a meta de R$ 50 milhões para pelo menos mais 6 metas de segundo nível, ou seja: essas seriam as metas do seu gerente ou diretor de vendas (a pessoa de vendas que está logo abaixo de você na hierarquia da empresa).

METAS DE TERCEIRO NÍVEL

No terceiro nível, devemos escolher uma meta de segundo nível para detalhar ainda mais e, assim, explorar todo o potencial dessa meta. A ideia é abri-la de maneira simples a princípio, de modo que você possa controlar o seu "navio" ao longo do ano e saber para onde ele está rumando.

Vamos pegar, por exemplo, a meta de novos clientes, que equivaleria a R$ 10 milhões, dentro do montante de R$ 50 milhões que queremos atingir.

- **Meta 1: 2 mil novos clientes**
  - » 500 novos clientes na região A;
  - » 500 novos clientes na região B;
  - » 1.000 novos clientes na região C.

- **Meta 2: Aumentar o Ticket Médio:**
  - » 50% da base com ticket de R$ 5.000,00;
  - » 30% da base com ticket de R$ 6.000,00;
  - » 20% da base com ticket de R$ 8.000,00.

- **Meta 3: adicionar duas contas corporativas (as chamadas "vacas leiteiras"[3]):**
  - » 1 conta com valor de contrato anual = R$ 2 milhões;
  - » 1 conta com valor de contrato anual = R$ 3 milhões.

- **Meta 4: adição de novo canal de captação de *leads* (projeto):** nos três itens acima, detalhamos as metas de terceiro nível e os meios que podemos utilizar para alcançar os R$ 10 milhões relativos à meta de novos clientes. Observe que existe inclusive uma meta de meios – que seria a meta-projeto. Ela irá ajudar no faturamento ao encontrar uma nova maneira de captação de *leads*, que poderia ser:
  - » Campanha de SEM (*search engine marketing*) por meio de Google Ads;
  - » Compra de base qualificada;
  - » Projeto de mapeamento de região (existem várias empresas sérias que fazem esse serviço, como a Neoway, por exemplo);
  - » Parceria com empresas que fornecem serviços complementares.

Se você se dedicar e refletir sobre a jornada para concluir uma venda, vai enxergar um emaranhado de possibilidades. Seu trabalho vai ser desfazer os nós e organizar cada coisa em sua devida caixa e, com isso, terá um ganho de visibilidade e mensuração de sucesso ou fracasso.

Compartilho um segredo aqui: os grandes fundos de investimentos contratam pessoas de altíssimo nível para criar meios de mitigar seus riscos, já que nada é 100% seguro. Por isso, cada etapa deve contar com

---

3 Conforme classificação da matriz BCG, "vaca leiteira" seriam produtos **consolidados no mercado**, que geram lucros altos sem a necessidade de grandes investimentos.

uma verificação, para saber como seguir melhor para a etapa seguinte. Às vezes, é isso que está impedindo o crescimento de seu negócio.

METAS DE QUARTO NÍVEL

Aprofundamos mais um nível e chegamos ao vendedor. Existem operações que, entre o gerente e o vendedor, têm supervisores, coordenadores etc. Nesse caso, vamos falar de uma estrutura mais horizontal, ou seja, com menos pessoas entre o topo e a base.

Retomemos o exemplo da meta de novos clientes, equivalente a R$ 10 milhões de faturamento em 12 meses. Agora vamos destrinchar um pouco mais:

- **Meta 1: aquisição de novos *leads*:**
  - » 500 *leads* (canal A);
  - » 500 *leads* (canal B);
  - » 500 *leads* (canal C).

- Meta 2: visitas diárias:
  - » 5 visitas a novos clientes por dia;
  - » 5 reuniões via telefone por dia.

- Meta 3: reuniões mensais:
  - » 20 reuniões presenciais com clientes *tier* A;
  - » 10 reuniões presenciais com clientes *tier* B;
  - » 5 reuniões presenciais com clientes *tier* C.

Os *tiers* são categorizados levando em consideração o potencial do cliente (por exemplo, clientes que têm empresa de até mil funcionários, ou empresa que fatura até R$ 100 milhões por mês).

No caso das três metas anteriores, desdobramos a rotina deles em novas metas mensuráveis, para que possamos acompanhar a performance dos vendedores e tentar mapear o que pode estar faltando. Nesse exemplo, ilustro o canal como um meio de captura de *leads*, que pode se dar por meio das bases de e-mail marketing, telemarketing ativo da empresa, canal de WhatsApp, entre outros. Cada empresa tem sua base de captura (algumas têm 10 ou mais canais de captura simultâneos).

Uma das grandes belezas de estabelecer metas, além de organizar a rotina dentro da empresa, é estimular a equipe em suas atividades e ajudar o time a focar no que realmente traz resultado. A gestão de objetivos define AONDE queremos chegar, o espaço que precisamos conquistar. Com exceção de empresas muito estabelecidas, a grande maioria dos negócios não sabe se está perseguindo os objetivos corretamente. Contudo, os objetivos servem como um mapa, para que não nos percamos no meio do caminho.

O processo da definição do objetivo com o cascateamento de metas gera enormes benefícios:

- facilita a comunicação, pois todos sabem para onde estão indo;
- engaja, pois os colaboradores se sentem parte do desafio;
- ajuda na limpeza de players não comprometidos, ou seja, aqueles colaboradores que não estão engajados, não se comprometem com o resultado;
- auxilia o controle diário: a definição de metas ajuda a liderança e seus times a terem disciplina regularmente.

NA PRÁTICA

- ☐ Defina um objetivo maior.
- ☐ Pense em 3 itens que estejam diretamente ligados ao objetivo anterior (causa-consequência).
- ☐ Pense em métricas de sucesso que você possa calcular e quantificar.
- ☐ Siga os passos anteriores em cada nível.

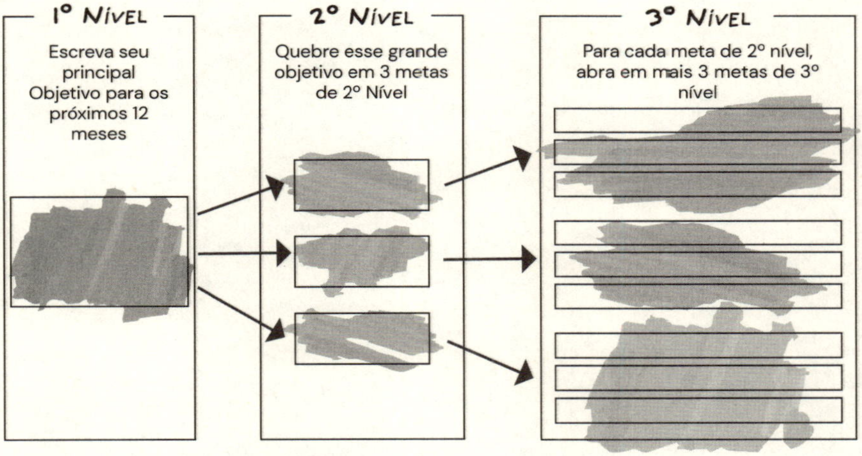

Figura 4: Níveis de cascateamento de metas.

COMO VAMOS CHEGAR?

Capítulo 3

GESTÃO DE INDICADORES

> *"O que pode ser medido, pode ser melhorado."*
> (Peter Drucker)

No capítulo 2, vimos em detalhes como se realiza a abertura de metas e como cascateá-las para a operação. No entanto, como podemos aplicar essas metas no dia a dia do time e da empresa?

Se você tem o real desejo de permear seu negócio com metas e objetivos, seus indicadores deverão apresentar as seguintes características:

1. **Consistência**: falar nos encontros, reuniões. Ter reuniões individuais sobre metas e indicadores e deixar todos os integrantes engajados com o tema. Você e sua organização precisam acompanhar as metas e aproveitar os fóruns já existentes.
2. **Visibilidade**: estar visível para todos, presente no dia a dia das pessoas. As equipes precisam ter visibilidade e acesso à informação.

Dessa maneira, você elimina desculpas comuns como "mas eu não sabia que era para olhar isso".

3. **Metrificação**: as metas precisam ser metrificadas, ou seja, fáceis de mensurar e acompanhar, seja diária, semanal ou mensalmente. Ser obsessivo pelas metas e suas evoluções é um dever imprescindível para quem deseja implementar metas em uma unidade de negócios.
4. **Coerência**: as metas precisam ser coerentes, pois metas impossíveis de atingir apenas reforçam o ego de quem as criou, em vez de motivar a equipe. Os times precisam começar o ano entendendo que têm chance real de atingir o objetivo, ou podem desistir e desanimar na largada.
5. **Premiação**: quais prêmios estão atrelados às metas? Sua empresa conta com mecânica de bônus atrelado às metas, ou seus vendedores têm uma parte da remuneração baseada no variável? Inclusive, algumas companhias transformam executivos em sócios com base em suas performances de atingimento de metas em certo período.

É fundamental, entretanto, dominar as estratégias para difundir tais metas em toda a empresa, fazendo-as entrar na cultura do negócio. Vamos detalhar cada um dos cinco pontos listados anteriormente e trazer referências de como as empresas por onde passei funcionavam.

CONSISTÊNCIA

Há alguns anos, eu trabalhava em uma empresa de e-commerce e uma das minhas funções era gerenciar o nível de estoque dos nossos produtos. Para isso, eu entendia que precisava estar alinhado com o calendário previsto de vendas, inclusive considerando ações publicitárias e as oscilações esperadas ao longo do ano.

Também precisava estar atento, porque eu sabia que, de acordo com o volume da compra e também com a sazonalidade, eu conseguiria negociar melhores preços com os fornecedores.

Fizemos o nosso plano considerando curva de compra, curva de venda e níveis de estoque. Montamos uma planilha com todas essas informações e fomos para cima.

Contudo, havia uma questão: eu não tinha informações a respeito do caixa da empresa. Um belo dia, chegou uma ordem superior de que era preciso cancelar todas as compras. Ninguém queria saber o contexto. Não podíamos analisar caso a caso. Era uma medida desesperada.

O resultado foi terrível. As promoções aconteceram, afinal, as campanhas já estavam na praça. E faltou o nosso principal produto. Foi um desperdício completo de trabalho e dinheiro. Houve prejuízo para nossa marca também, pois os clientes ficaram insatisfeitos com a indisponibilidade daquilo que era anunciado.

O que faltou nesse caso? Uma autoridade capaz de conectar as áreas, uma liderança com acesso às informações amplas e com inteligência para conectar esses dados e, assim, otimizar um fluxo. Faltou consistência.

Em outra situação, eu e a minha unidade de negócio tínhamos planejado focar nossa expansão internacional em três grandes países de grande porte. No entanto, nosso conselho mudou de ideia e quis adicionar os Estados Unidos como um dos focos.

Fui contra, dado o tamanho e a necessidade de investimento, mas nossos conselheiros foram enfáticos: era para seguir conforme havia sido ordenado. Para isso, tivemos que dedicar tempo, investir dinheiro em visitas, trazer pessoas para nos ajudar a entender o mercado, marcar diversas reuniões. Ao mesmo tempo, o conselho contratou uma consultoria para montar um plano *route to market*, para entrar nesse mercado tão complexo. Por fim, a consultoria apontou que não estávamos prontos.

Ou seja, gastamos tempo, recursos e energia para tentar satisfazer o desejo do conselho, que mudou a estratégia e nos levou para a direção errada, fazendo com que perdêssemos o foco dos três países originais, que eram os *prospects* corretos para o momento do nosso departamento.

Por isso, em relação a esse tópico – consistência –, minha recomendação é pecar pelo excesso. Os líderes da empresa precisam ser os porta-vozes desse tema, pois são eles que irão cuidar do cascateamento e gerenciamento disso com as equipes.

A meu ver, o CEO deveria, sempre que possível, organizar uma reunião mensal para compartilhar com toda a empresa os principais atingimentos do negócio. Nessa reunião, ele se coloca à disposição para dar satisfação a seus encarregados e apontar a direção para onde estão indo. Mais do que isso: informa o que está indo bem e o que precisa de atenção. É importante ser direto ao ponto; menos, nesse caso, é mais.

Um dos principais fatores de consistência é falar a mesma coisa, várias vezes, sem mudar de direção ou contexto em relação ao que está sendo falado. Além disso, todas as lideranças da empresa devem falar a mesma língua. É como criar um filho: para que a cultura de uma casa seja instaurada, é vital que os pais estejam em concordância e que os filhos percebam esse alinhamento, pois uma casa dividida é um ninho de problemas.

Os perigos da falta de consistência

O principal perigo da falta de consistência é a perda da credibilidade por parte do time. Já vi grandes líderes, pessoas que entregam resultado, enfrentarem a descrença de suas equipes por mudarem demais a direção em um curto período.

Tenho consciência de que muitas lideranças – eu inclusive – já disseram "Mas a turma precisa ter flexibilidade, afinal, não podemos controlar algumas variáveis", e isso é verdade. Contudo, devemos saber como administrar essa mudança de maneira que não seja tão abrupta para o nível de maturidade ou senioridade das pessoas envolvidas.

Todos que têm filhos sabem que, às vezes, mudanças podem ser traumáticas para eles. Por isso, moldamos a comunicação conforme a idade, pois cada estágio tem uma dificuldade e particularidade diferentes.

Para evitar ruídos relacionados à consistência, compartilho algumas recomendações:

- mudanças de direção devem ser comunicadas com cuidado, independentemente do nível de criticidade;
- traga os líderes para perto e alinhe o discurso. A pior coisa é ter alguém desesperado e despreparado instaurando o caos entre os demais funcionários;

- se possível, divida as mudanças em fases. Isso promove uma sensação de planejamento, por mais que a situação seja incontrolável ou adversa.

VISIBILIDADE

O grande ponto de efetividade da visibilidade é estar posicionado no lugar certo, como numa partida de futebol. Observe a Figura 5 (p.46).

Nesse exemplo fictício, podemos observar a abertura de uma meta de faturamento. A liderança optou por apresentar uma tabela e um gráfico, trazendo o elemento do ano anterior para ajudar a balizar a evolução e conduzir o colaborador a uma sensação de evolução e crescimento.

A visibilidade começa justamente aí: o líder apresenta o dado de maneira que todos o entendam e fique claro o que se espera – nesse caso, faturamento mensal. Vale ressaltar que, nesse gráfico de barras, na parte de cima, o gestor escolheu trazer uma visão de atingimento (%) em relação ao ano anterior e à meta, como se pode ver no quadro.

Aprendi isso na Ambev. Eles são muito bons no que chamamos de gestão à vista. Sempre expõem os resultados, divulgam internamente, fazem esse processo. Antes de trabalhar lá, eu nunca tinha visto isso na prática.

A principal vantagem, a meu ver, é que o funcionário acaba sabendo exatamente o que tem de fazer e onde precisa chegar.

MELHORES MEIOS PARA PROPAGAR A VISIBILIDADE

- Gestão à vista: quadros com as principais metas espalhadas pela empresa. Algumas companhias usam monitores rodando esses dados diariamente. O único ponto de ressalva é quando há visitas nas dependências da empresa, pois nem sempre é interessante que pessoas de fora conheçam os números do seu negócio.
- Farol nos e-mails: semanal ou diariamente, enviar as principais metas para os times da empresa, deixando todos na mesma página.

Meta Faturamento R$

	jan	fev	mar	abr	mai	jun	jul	ago	set	out	nov	dez	Até a Data	TT ano
Ano Anterior	R$ 10.000	R$ 11.000	R$ 12.000	R$ 13.000	R$ 14.000	R$ 15.000	R$ 16.000	R$ 17.000	R$ 18.000	R$ 19.000	R$ 20.000	R$ 21.000	R$ 145.000	R$ 186.000
Meta	R$ 11.500	R$ 12.650	R$ 13.800	R$ 14.950	R$ 16.100	R$ 17.250	R$ 18.400	R$ 19.550	R$ 20.700	R$ 21.850	R$ 23.000	R$ 24.150	R$ 166.750	R$ 213.900
Real	R$ 15.000	R$ 18.000	R$ 21.000	R$ 24.000	R$ 27.000	R$ 10.000	R$ 12.000	R$ 14.000	R$ 16.000	R$ 18.000			R$ 175.000	R$ 175.000
vs AA	*50%*	*64%*	*75%*	*85%*	*93%*	*-33%*	*-25%*	*-18%*	*-11%*	*-5%*			*21%*	*-6%*
vs Meta	*30%*	*42%*	*52%*	*61%*	*68%*	*-42%*	*-35%*	*-28%*	*-23%*	*-18%*			*5%*	*-18%*

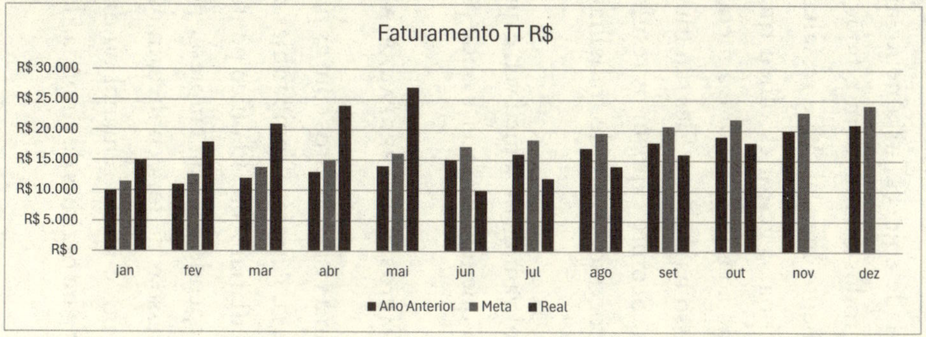

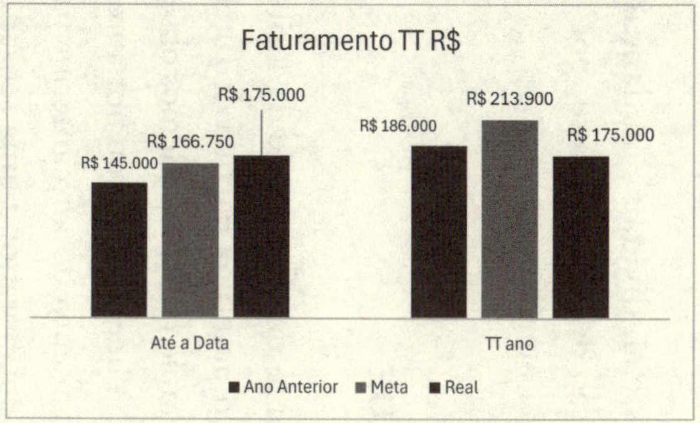

Figura 5: Exemplo de painel de metas.

- Canal de comunicação: algumas empresas usam canais de chat para fazer isso, como Teams ou Slack, pois são menos formais que e-mail.
- Sistemas: muitas empresas em estágios já maduros adotam sistemas que trazem visibilidade ao farol de metas. Geralmente eles integram os sistemas e fazem uma API[4] com sistemas de controle, como Qlik, Tableau. O interessante desses sistemas são as notificações *push* e envios automatizados.
- Reuniões: reforço esse ponto, pois acho muito importante. Sempre use a reunião de maior amplitude para falar das metas e apresentar o status de como a empresa está e para onde está indo. Principalmente, use-a para esclarecer a cada colaborador: “qual é seu papel nisso e onde você pode ajudar”.

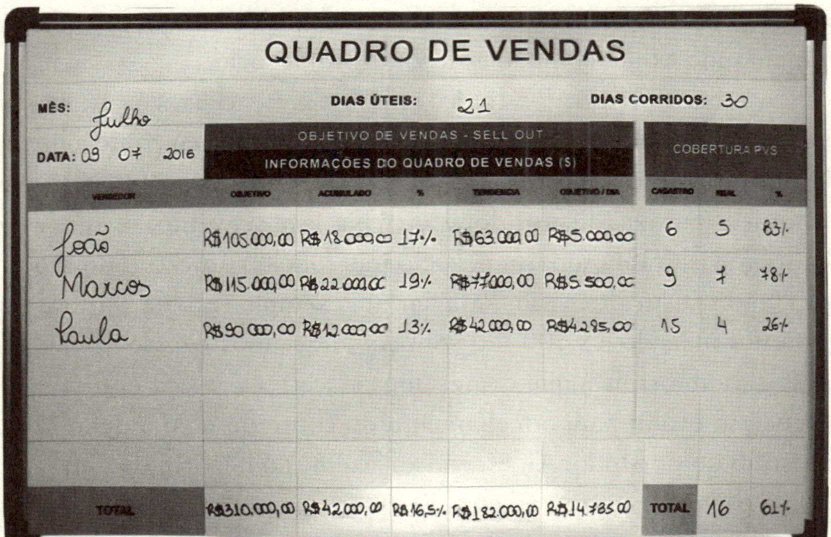

Figura 6: Painel de Gestão à vista, quadro branco. Disponível em: https://viso.com.br/produto/gestao-visual-para-quadro-de-vendas-vend-06/.

---

4 Sigla em inglês para *application programming interface*, ou “interface de programação de aplicativos”, permite que os aplicativos se comuniquem entre si de forma segura e eficiente.

METRIFICAÇÃO

Saber apresentar os melhores índices ajuda a dar clareza para o time e engaja as pessoas no caminho certo. Quando se tem experiência e conhecimento do negócio, métrica é a coisa mais excitante que existe, pois permite entender as alavancas que movem o negócio e ver o problema por outra ótica.

Vou dar um exemplo hipotético. Imagine que quero que meu produto chegue ao mercado chinês. Preciso fazer com que ele passe num funil – como está desenhado na Figura 7. A primeira etapa é o mapeamento dos clientes.

Suponhamos que eu tenha chegado a 10 potenciais compradores lá da China. Então, faço os primeiros contatos, por e-mail ou por telefone. Depois chego a algumas empresas que se mostram interessadas. Ao passar pelo funil, a tendência é que a lista vá diminuindo em quantidade, mas aumentando as possibilidades de virar um negócio.

Com esses interessados, marco reuniões presenciais. Vou até a China, tenho agenda com esses potenciais compradores. Lá eu conto a história da minha empresa e dos meus produtos, explico os diferenciais que conquistaram os consumidores etc. Na fase seguinte, os que ainda seguirem vislumbrando um negócio irão solicitar amostras do produto.

Há um custo alto nisso. Para dar um exemplo real, na Natural One, gastamos mais de R$ 100 mil com envio de amostras. Só após a aprovação das amostras é que começamos a acertar o preço e, finalmente, o processo evolui para o fechamento do contrato, com a definição do tamanho do portfólio. Aí, espera-se, fazemos o negócio da China.

No exemplo a seguir (Figura 7), trago um funil de vendas – o bom e simples funil de negociação. Nesse exemplo, apresento algo muito semelhante ao *case* da Natural One que mencionei. Obviamente que o funil tinha mais aberturas, mas a ideia aqui é apresentar uma visão mais clara, para elucidar o tema.

	Geração de leads	1º Contato	Reunião presencial
1	Quantidade leads	Quanticade negócios	Quantidade reuniões presenciais
2	Quantidade leads por vendedor	Tempo médio para 1º contato	Tempo TT vs. Última etapa
3	Quantidade leads por país	Quantidade propostas formais enviadas	Potencial R$ oportunidade
4	Potencial R$ por lead		Quantidade reuniões por vendedor

	Envio amostras	Negociação contrato	Fechamento / Venda
1	Quantidade de amostras enviadas	Quantidade de contratos em confecção	Quantidade de negócios fechados
2	Quantidade de amostras aprovadas	Quantidade de contratos aprovados legal	Quantidade de negócios fechados por região
3	Quantidade de amostras por vendedor	Quantidade de contratos aprovados por ambos	Quantidade de negócios fechados por vendedor
4	Quantidade de amostras rejeitadas	Quantidade de contratos finalizados por vendedor	Tempo TT fechamento (dias)

Figura 7: Funil de negócios.

Qual o nosso objetivo com um funil de vendas? Sendo bem simplista: fechar o maior número de negócios no menor espaço de tempo. Mas quem fecha mais negócios? Que região tem se mostrado mais próspera? Qual vendedor é o mais eficiente no tempo entre as etapas?

Tudo isso são métricas. São elas que irão ajudar a fazer as perguntas corretas e colocar o dinheiro no lugar certo. Imagine, por exemplo, que você tem uma verba limitada para prospecção e sua região A tem se mostrado mais avançada nas negociações; o funil vai ajudar a direcionar a verba para o lugar certo e, consequentemente, aumentar as chances de concluir negócios.

COERÊNCIA

Por definição, coerência é "a característica daquilo que tem lógica e coesão, é um conjunto de ideias que apresenta nexo e uniformidade".

Até aqui, falamos sobre como montar números e metas com base em dados, mas também comentamos que muitas vezes não temos certeza do caminho, principalmente em negócios em crescimento ou em ganho de curva de tração. Todavia, como podemos ser coerentes sem termos certeza do futuro?

A resposta para essa pergunta está na confecção do processo; nosso desafio é montar as estratégias de baixo para cima, trazendo uma visão de causa e consequência. São diversos os métodos utilizados – alguns usam o bom e velho "chute". No entanto, profissionais sérios conseguem trazer alguma clareza para as incertezas. Uma dessas técnicas é aquela conhecida como "5 PORQUÊS".

Oriunda da metodologia Lean Six Sigma, com a qual tive meu primeiro contato em 2008, fala de um método de *brainstorming* em que você traça o histórico do problema, fazendo a pergunta do por quê em cinco níveis, ou seja: para cada nível, um por quê.

Embora seja chamada de "5 Porquês", o número 5 não é mágico. Você pode fazer mais ou menos do que cinco perguntas para solucionar um problema. O grande objetivo é fazer com que a equipe entenda o problema tão bem quanto for possível. Depois de encontrar a causa-raiz, a solução correta será mais clara para ser elaborada.

Na Figura 8, trago um exemplo real de entrevista com uma microempreendedora que buscava aumentar vendas em sua loja de rua, mas sua primeira decisão era sempre cortar as ativações que geravam tráfego; chegava a ser contraditório. Sentei-me com ela por duas horas e conversamos sobre negócios e o processo de 5 Porquês; nesse caso, foram bem mais que cinco.

Ela chegou à conclusão de que seu grande problema era o dimensionamento da equipe de vendas. Ela tinha uma grande resistência a se desfazer das pessoas, mas a verdade era que 74% das suas vendas estavam concentradas em três de suas cinco vendedoras. O ponto era simples: ou ela oferecia treinamento, ou não precisava das outras colaboradoras.

Esse exemplo fala de coerência que, por sinal, está intrinsecamente relacionada com tomar boas decisões e dar o recado certo. No caso apresentado, além de ter um gasto desnecessário em sua empresa, a empreendedora estava desmotivando as vendedoras que performavam muito melhor e não tinham um *gap* salarial tão significativo em relação às demais, que apresentavam pior desempenho. Ser coerente é fazer o certo para o negócio, e isso às vezes pode machucar ou frustrar o ego das pessoas.

	5 PORQUÊS		RESPOSTAS E CASCATEAMENTO
1	Por que as vendas da minha loja estão em queda?	→	Poucas pessoas têm entrado, o fluxo diminuiu muito.
2	Por que o fluxo de pessoas na loja diminuiu?	→	Não sei direito, mas desde que paramos as campanhas de e-mail marketing, percebi uma redução de público.
3	Por que você diminuiu as ações de captura?	→	Queríamos uma linha para economia e melhorar o fluxo de caixa.
4	Por que você precisa reduzir custo de captura de movimento para loja? Não teria outras despesas?	→	Entendemos que esse seria o caminho mais fácil, simples e rápido.
5	Por que, em vez de cortar o investimento, você não recalibrou e reduziu progressivamente?	→	Precisamos de caixa rápido, pois as vendas já não estavam boas antes.

Figura 8: Exemplo da metodologia 5 Porquês.

A falta de coerência traz um risco grande para a credibilidade do negócio e da liderança. Os líderes da empresa falarem a mesma língua e fazerem pedidos coerentes aumentará o nível de confiança para seguir na direção apontada. Não tem problema errar no meio do caminho, mas deve-se ter coerência para reconhecer o erro e corrigir rápido, para manter a reputação inabalável.

PREMIAÇÃO

Esse é o último dos pilares indicadores, pois é ele que apresenta a consequência. Manter o time engajado por longos períodos pode ser um desafio, portanto, distribuir prêmios ao longo do tempo é uma excelente ferramenta e conduz, de maneira indireta, os colaboradores a olharem os números e fazerem acompanhamentos cuidadosos.

Sei que algumas pessoas podem pensar: "Mas eu não tenho verba para fazer nada...". Sem problemas. Quando eu era gerente de vendas da Ambev, no Rio de Janeiro, aprendi a usar um incentivo que me salvou a pele. Nós tínhamos escala durante os sábados; muitos dos vendedores nunca tinham tido a oportunidade de ter um fim de semana completamente de folga, livre. Então, meu desafio era o seguinte: se batêssemos a meta estipulada ao longo da semana, o sábado seria livre.

Obviamente eu alinhava o assunto com meus líderes e deixava tudo pronto com o time. O resultado dessa proposta foi que não trabalhamos quase nenhum sábado em 2012. Batemos todas as nossas metas em outubro e, para completar, ficamos entre os Top 10 do ranking nacional de vendas. Quando o prêmio encontra a motivação correta, ele não precisa ser caro, basta alinhar os objetivos.

Para o time de vendas, gosto de deixar parte da remuneração mensal com metas atreladas a vendas. O que costumo usar é 60% salário fixo – um salário de bom patamar – e 40% – uma porcentagem muito relevante no peso – como variável atrelada à performance.

O grande apelo do prêmio é usá-lo como ferramenta de acompanhamento, ou seja: apresente o desafio e os prêmios, fale disso todos os dias nas reuniões com o time de vendas, seja na abertura ou no fechamento, mostrando quem está batendo as metas e quão perto estão.

Uma recomendação que faço é que, se puder, não faça ranking dos Top 3, mas sim "Bateu, Levou", isto é: se bater o desafio, ganha a premiação. Caso o dinheiro seja escasso e você não possa premiar a todos, tudo bem fazer um Top 3, mas você precisará ter muito cuidado para desdobrar o desafio e não desmotivar os outros, fazendo-os desistir já no começo.

NA PRÁTICA

- ☐ Liste os 5 principais indicadores da empresa.
- ☐ Escreva como você irá mensurá-los e onde a equipe os verá.
- ☐ Dos 5 indicadores, quais são os itens que os influenciam? Por exemplo, no caso de faturamento, pode ser impacto por quantidade de vendas, ticket médio etc.
- ☐ Quais incentivos você pode implementar hoje e para quem?

Capítulo 4

GESTÃO DE ROTINAS

"Se você se acha muito pequeno para ter qualquer impacto no mundo, tente dormir com um pernilongo no quarto."
(Provérbio africano)

Embora ainda exista certa cultura empresarial de que é preciso ser *workaholic* para ter sucesso, acredito piamente que uma rotina bem organizada seja melhor do que passar horas e horas a mais no escritório.

Eu espero que meu time não trabalhe mais tempo do que o necessário. Não quero ficar todo dia até as 20h – se um dia ou outro eu precisar ficar, tudo bem, mas isso não pode fazer parte da minha rotina, nem de nenhum liderado meu.

Foi pensando nisso que criei um método de gestão de rotina, que apresento aqui na sequência. É importante saber dimensionar a minha semana e a de todos os que são subordinados a mim, até mesmo para dosar onde é preciso colocar mais energia, onde dá para relaxar um pouco.

No dia a dia de uma empresa, às vezes é preciso tomar fôlego para dar um mergulho fundo. Mas depois precisamos voltar à superfície, pegar ar de novo. Entrar às 7h da manhã no escritório, sair às 21h, todos os dias, denota um sério desequilíbrio na vida.

Houve uma fase em que eu vivi assim. Meu corpo sentiu. Pesava 100 quilos, não dormia direito, não conseguia tempo para nada da minha vida pessoal.

Quando virei a chave, percebi que não só eu precisava organizar a minha rotina, como também precisava garantir que minha equipe tivesse mais equilíbrio entre a vida profissional e a pessoal.

Hoje falo com toda segurança: podem dizer que sou exigente, que quero tudo certinho e no prazo; mas ninguém pode dizer que trabalha desnecessariamente. Para mim, quem excede o tempo todos os dias não é alguém que trabalha muito, mas sim alguém que não está conseguindo organizar seu tempo.

Ao longo de minha trajetória, percebi também que o mundo executivo tem muito "gato gordo", ou seja, pessoas que aparentam trabalhar muito, mas geram pouco resultado. São pessoas que vivem em reuniões, fazem pose, como se estivessem sempre ocupadas e cheias de incumbências, mas no fundo atolam os outros e levam a vida como quem toca a bola de lado, tranquilas e sem serem incomodadas.

Assim, minha obsessão com a gestão das rotinas é resultado de um incômodo duplo: a falta de necessidade da sobrecarga de tempo no ambiente de trabalho e o fato de que alguns se aproveitam da desorganização para apenas fingirem que trabalham muito.

Esse talvez seja meu tema predileto, pois ele é difícil de executar – como você já deve ter percebido, estamos começando pelos itens difíceis. Todavia, se esses tópicos do terceiro capítulo forem bem aplicados e executados, o negócio já sai bem e tem muita chance de prosperar ou, pelo menos, ter um diagnóstico para ajudar o time a fazer as ações corretas.

Nessa fase, vamos detalhar algumas rotinas que ajudam muito a gestão. Nosso objetivo é ter mais pulso do negócio e também ajudar as equipes a caminhar na direção correta, pois a rotina nos afunda e torna muito fácil perder o foco do que realmente importa.

REUNIÃO DE ABERTURA

Quando você tem um time muito operacional ou precisa de muita atenção da sua equipe, uma reunião de abertura diária pode ser um bom caminho para dar foco nas coisas importantes. Quem acha que esse tipo de reunião é voltada somente para a equipe de vendas se engana; esses encontros de objetivo diário são muito usados por *squads* de tecnologia, cujos projetos são tão complexos e emaranhados, que todo dia se torna vital sentar e acompanhar o progresso. Qualquer erro pode gerar meses de atraso, ou milhões de prejuízo.

A seguir, detalho reuniões que podem aprimorar a governança de sua empresa, bem como ferramentas úteis para sua gestão.

REUNIÃO DIÁRIA MATINAL OU REUNIÃO DE ABERTURA

- **Objetivo**: discutir o que aconteceu no dia anterior, como falhas e problemas, e alinhar o foco e compromisso do dia.
- **Público**: seu time direto, equipes de operação e time com metas de fim, ou seja, time de vendas. O ideal é que a reunião tenha no máximo 15 pessoas, para ser o mais objetiva possível.
- **Duração**: máximo de 30 minutos, divididos da seguinte maneira:
- Primeiros 10 minutos: o que aconteceu no dia anterior;
- 10-20 minutos: como estamos nos números;
- 20-30 minutos: o que vamos buscar hoje em relação a números e desafios.
- **Recomendação**: alguém deve ser o responsável por preparar a pauta e conduzir a reunião, de preferência alguém com um bom nível de senioridade, para fazer perguntas e provocações relevantes sobre o tema. O time poderia começar essa reunião olhando os principais KPIs do dia anterior e as metas do dia.

Vamos imaginar o exemplo de uma empresa de sorvetes. Os KPIS poderiam ser os seguintes:

- visita aos pontos de vendas da base;
- vendas dos lançamentos (sabor Melancia & Maracujá);
- cadastro de novos pontos de venda;
- informar o repasse de preço para 100% da rota no sabor Chocolate.

Ter KPIs específicos, analisar o fechamento e em que ponto estamos na meta irá ajudar a definir como deverá ser o nosso dia. Ter esse foco logo no começo da jornada de trabalho guiará o time de vendas em direção às escolhas certas.

Outro cenário hipotético: vamos supor que a empresa de sorvetes tem o sabor Limão com vencimento próximo; assim, naquele dia, teremos 15% de desconto na tabela. No depósito, temos 50 pallets de produto para vender até o fim da semana, portanto, é necessário foco total para colocar no mercado um produto ainda apto para consumo, mas com *shelf life* mais curto.

Nesse dia, cada profissional do time de vendas tem que saber exatamente quantos picolés de limão devem ser vendidos por dia até sexta-feira, para evitar mais prejuízo para a empresa.

Reunião de fechamento

Recomendo realizar esse tipo de encontro apenas no caso de a empresa passar por uma grande dificuldade e situação emergencial, pois pode deixar o time cansado com a quantidade de relatórios ao longo da semana.

- **Objetivo**: fechamento das metas diárias, conferindo com cada integrante do encontro seu resultado naquele dia.
- **Público**: time de vendas da base. Fechamento dos desafios diários.
- **Duração**: máximo de 30 minutos. Passar de pessoa a pessoa a META e o que foi REALIZADO.
- **Recomendação**: quem deve conduzir essa reunião é o líder direto do time de vendas.

Reunião de planejamento semanal

- Nessa reunião você deve juntar os departamentos e organizar o fluxo das principais rotinas de cada departamento, unidade de negócios ou empresa. Importante ressaltar que essa não é uma reunião de ver e agir, mas sim multidepartamental, em que vários líderes e equipes sentam juntos para ver andamento de projetos, metas, problemas e até decisões difíceis que precisam ser tomadas em conjunto.
- **Objetivo**: reunião multifuncional para tomada de decisões estruturantes do negócio.
- **Público**: time com envolvimento direto em processos. Eu geralmente reúno gerentes, coordenadores e especialistas de cada área, pois busco priorizar senioridade e objetividade. Assim, os líderes podem alinhar com seus times depois, escolhendo a melhor maneira de executar as tarefas.
- **Duração**: máximo de 2 horas por semana. O ideal é que ocorra em um dia, num horário fixo, e que não haja nada marcado nesse *slot*. Para que a rotina se perca, basta que as pessoas não a levem a sério. Na minha visão, o fluxo dessa reunião deveria se dar a seguinte maneira:
- primeira parte: resumo da última reunião – o que aconteceu e como os processos caminharam desde a semana anterior;
- segunda parte: números gerais do negócio. Apresente os principais números – aqueles entregáveis – para todos estarem na mesma página em termos de resultados;
- terceira parte: repasse a lista de tarefas, abrindo ponto a ponto e discutindo o que andou ou não. O ideal é que o responsável pela tarefa fale sobre o tema e dê explicações ao grupo.

Recomendação: governança é importante para ajudar o negócio a ter regras e, por consequência, limites. Se você tiver controle, gestão e disciplina, a tração acontece naturalmente. Alguns pontos importantes para alinhar antes de essa reunião acontecer:

- as tarefas devem ter data de começo e de entrega, não podem ficar "soltas";
- as tarefas precisam ter um único dono;
- a reunião deve começar no horário e terminar dentro do período esperado. Caso o tempo reservado seja grande ou curto demais, reajuste a duração total da reunião;
- as tarefas precisam que o nível de prioridade esteja claro, pois se tudo for urgente, então nada é urgente;
- você precisa ter uma ferramenta de acompanhamento, que pode ser uma simples lista no Excel, em papel, em um documento com *bullet points* no Word, Trello, Planner, Love Mondays etc. No entanto, é vital que seja um formato que todos os integrantes conheçam e ao qual tenham acesso.

Reunião mensal de resultado

É a reunião de fechamento do mês, cujo enfoque é bastante numérico. Deve trazer o apanhado dos principais *insights* dos departamentos e os números consolidados, para saber para onde o negócio está caminhando e o quão perto ou longe se está do resultado. É importante que a pauta apresente os tópicos prioritários e aqueles opcionais, não urgentes, para evitar que a reunião se alongue muito.

- **Objetivo**: analisar os resultados numéricos e os principais indicadores do negócio, com o fechamento oficial dos números.
- **Público**: liderança direta e time sênior.
- **Duração**: dependendo do porte, o ideal é que a reunião dure de 2 a 3 horas por unidade de negócio ou departamento, pois nesse momento, os números serão analisados em profundidade.
- **Recomendação**: ter um *flow* dos assuntos esperados e ser direto ao ponto. Vale deixar claro que não é apenas uma reunião de reporte, mas também serve para discutir planos de ação daquilo que não estiver caminhando tão bem. Além disso, vale abordar:

» o problema do mês ou assunto prioritário que se deve resolver;
» quem será o responsável pelas tarefas;
» haverá investimento em dinheiro para resolver o problema? Quanto?
» tempo total para resolução;
» resultado esperado: ter claro qual meta será considerada bem-sucedida dentro do tema, para ajudar a ter começo, meio e fim.

GOVERNANÇA

Muito se fala em "governança"; aqui mesmo neste livro, já citei essa palavra algumas vezes. Mas, afinal, o que ela significa? Governança implica ter claro as regras de conduta, o público, os dias agendados de maneira prévia para tratar os temas em seus devidos lugares.

Você já deve ter percebido que menciono muitas vezes a importância de trazer as pessoas com senioridade para as reuniões. Para que fique claro: senioridade não tem relação com idade, mas sim com o nível de maturidade e engajamento com o tema a ser tratado. Lotar uma reunião só atrapalha, pois pessoas demais em um fórum pode ser a fórmula para o desastre.

Além disso, os colaboradores têm tempo limitado. Um time que faça reuniões demais pode se tornar um problema para geração de resultado; se as pessoas estão em reunião o tempo todo, quem está executando o que precisa ser feito? Não espere que elas conduzam suas tarefas e projetos depois do horário de trabalho, ou nos fins de semana.

Certa vez, um profissional com elevado grau de senioridade e grande reputação no mercado – por ser um líder bem-sucedido em grandes empresas – me deu uma dica de como alocar o tempo das pessoas em reunião:

- estagiário / analistas → até 5% do seu tempo total em reuniões;
- coordenadores / especialistas → 10 a 15% em reuniões;
- gerentes / supervisores → até 20% do seu tempo em reuniões;

- diretores → até 30% do seu tempo em reuniões;
- vice-presidentes / gerentes-gerais (GM) → máximo de 40% do tempo em reunião;
- CEO → até 60% do seu tempo entre reuniões e dinâmicas com conselho. O resto do tempo é dedicado à operação, garantindo a execução da estratégia.

Com base nisso, responda: quanto tempo você despende em reuniões? Mesmo que você seja Bill Gates, se não estiver engajado com o negócio, ajudando a empurrar as agendas importantes, as coisas não irão andar e nada vai acontecer.

Participar de reuniões é muito sedutor, pode imprimir certo ar de importância, uma falsa sensação de estar trabalhando muito, estar sempre ocupado. Cuidado: esse vício pode levar você, sua companhia e sua equipe inteira para o buraco.

A coisa mais importante dentro de uma empresa é fazer o negócio acontecer, atender bem o cliente e realizar a venda com perfeição, sem deixar de ouvir o mercado e entender o próximo passo a ser dado para conquistar mais espaço. Afinal, aquele que não mira o futuro, fica morto no passado.

Na Figura 9, apresento uma agenda mensal, com as principais reuniões do período. Ressalto novamente a importância de usar a reunião de fechamento em caso extremo.

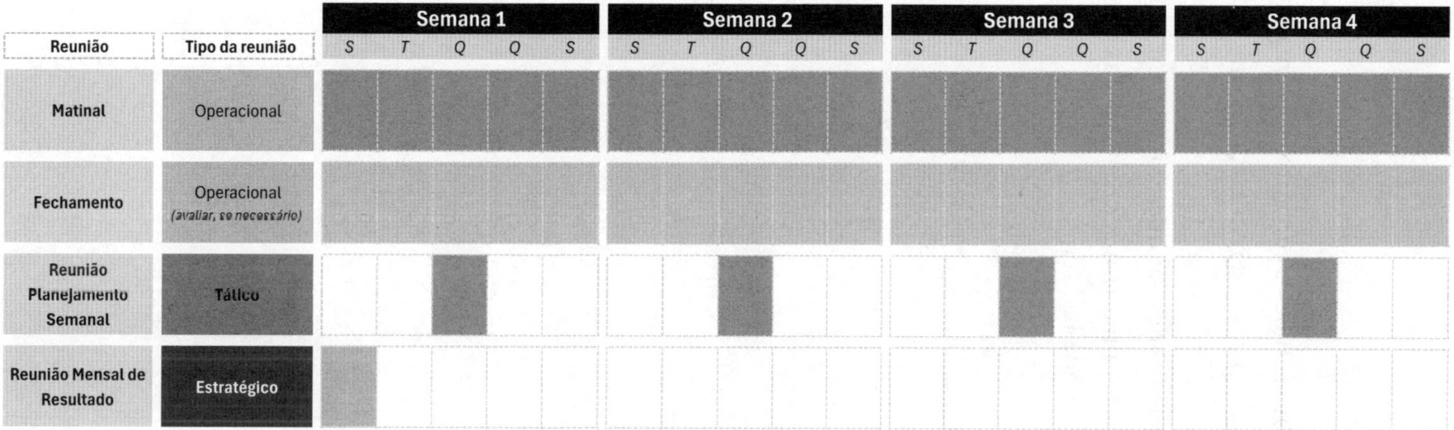

Figura 9: Fluxo de reuniões em um mês.

NA PRÁTICA

- [ ] Descreva suas reuniões e encontros da semana e do mês.
- [ ] Quais são os tópicos a serem tratados em cada reunião? Faça uma lista.
- [ ] Quais problemas você vai querer tratar em cada encontro?
- [ ] Quais perguntas precisam ser respondidas em cada encontro e quem vai respondê-las?

Capítulo 5

GESTÃO DE PROCESSOS

"Para cada minuto que gastamos na organização, uma hora é ganha."

(Benjamin Franklin)

Os processos são a base para estruturar um negócio funcional. Eles serão a voz que não pode ser ouvida a todo momento, o auditor invisível dos negócios. Para pensar sobre eles e implementá-los, leva-se tempo e energia, contudo, a relação de custo *versus* ganho no longo prazo é fenomenal – e acho que foi isso a que Benjamin Franklin se referiu na epígrafe acima.

Nosso objetivo ao criar processos não é tornar a empresa menos ágil, mas sim entender em quais aspectos podemos ser mais eficientes e organizados.

Acertar os ponteiros dos processos é uma tarefa cheia de complexidades, principalmente porque isso mexe com as pessoas – muitas vezes tirando-as das famosas zonas de conforto. O modelo que apresento aqui foi o que aprendi, na prática, no auge da pandemia de covid-19, na Natural One.

Naquela época, eu era responsável por três departamentos: Internacional, Marketing e Gente. Tudo isso em meio à pandemia, o que gerava uma sensação de sobrecarga. Às vezes, chegava a trabalhar 18 horas por dia.

A área de Gente era nova para mim. Mas se eu não tinha tempo nem para mim, como iria cavar um espacinho para gerenciar a rotina das pessoas? Eu não conhecia os processos. Então decidi inverter a perspectiva: peguei tudo o que conhecia de gestão e coloquei em um formato no qual pudesse fazer um diagnóstico.

Logo percebi que eu não era o único que sentia o excesso de trabalho. Naquele momento, tratava-se de reclamação recorrente. O problema estava começando a se desenhar. Tudo bem que a Natural One sempre foi uma empresa enxuta, mas alguma coisa estava errada.

Pedi para todos mapearem suas rotinas. Quem estava trabalhando demais? Havia um dia da semana em que se trabalhava mais? Quanto tempo cada um estava passando em reuniões? Pedi para que todos planilhassem suas atividades, queria analisar o quadro todo.

É importante salientar que fui transparente e também tabulei a minha própria rotina. Mostrei para todos que não havia exceções; o meu trabalho estava igualmente sob análise. Depois, chamei um a um para entrevistas. Pedi explicações – não em tom inquisitório, como quem faz reprimendas, mas como um pesquisador acadêmico que quer entender seu objeto de estudo. Busquei identificar o grau de dificuldade de cada tarefa e checar se havia compatibilidade tanto com o tempo gasto quanto com o cargo da pessoa.

Claro que é um processo complicado, nem todos ficaram à vontade. É como reformar uma casa: faz bagunça por alguns meses, mas, depois, tudo fica arrumadinho por anos. Sofri com incômodos de alguns, tive de enfrentar resistências. Mas, no fim, a partir dessa análise profunda, pude reorganizar o fluxo de trabalho de toda a empresa, redistribuir algumas tarefas e diminuir a sobrecarga de alguns, equilibrando melhor o tempo de todos.

Percebi funções e atividades que não faziam sentido, identifiquei redundâncias e tarefas conflitantes nas mãos de uma mesma pessoa. Separar as caixas já fez uma diferença enorme. Acredito que o saldo foi positivo, aliviou para todo mundo.

Em seguida, foquei nas reuniões. Havia muitas que não eram necessárias, outras que se alongavam demais por não terem uma pauta precisa.

Obviamente que eu não estava 100% convencido de que, na prática, tudo isso daria certo. Apostei. E funcionou – do contrário, eu não estaria relatando isso agora.

A seguir, apresento uma lista de processos que são fundamentais dentro da empresa, e algumas dicas práticas de como implementá-los. Dependendo da maturidade da sua companhia ou departamento, talvez seja o momento propício para levá-los adiante. Se já estiverem muito maduros, é uma excelente oportunidade para revisar o processo e deixá-lo mais enxuto.

Caso seu negócio seja muito pequeno ou não tenha gente suficiente, guarde essas boas práticas para aplicá-las no momento propício.

MAPEAMENTO DO PROCESSO DE ROTINA DE PESSOAS

Embora seja uma etapa muito importante ao colocar seu negócio para rodar, o processo de mapeamento de pessoas e rotinas é também uma parte muito delicada. Por meio dele, você consegue compreender como funciona o negócio, as fases mais complexas do processo, o nível de engajamento do time e o dimensionamento de pessoas.

O que iremos delinear com essa etapa em nossa jornada de 100 dias:

- a lista de atividades dos colaboradores;
- a distribuição de atividades ao longo do dia e semana;
- a quantidade de horas despendidas em cada atividade;

- o *overlap* de atividade com outros colaboradores do departamento ou da empresa.

A seguir, um exemplo real de fluxo semanal para mapeamento. Apresento apenas dois dias da semana, mas a principal ideia é que isso seja feito para todos os dias, ao longo das semanas do mês. Em um primeiro momento, o time pode ficar tenso e incomodado, mas a ideia é ajudar a desafogar a rotina, que pode estar descalibrada.

Tabela 2: Painel de preenchimento da rotina semanal.

Qtd. atividades	2ª feira	Tempo (min)	3ª feira	Tempo (min)	4ª feira	Tempo (min)	5ª feira	Tempo (min)	6ª feira	Tempo (min)	
1											0
2											0
3											0
4											0
5											0
6											0
7											0
8											0
9											0
10											0
11											0
12											0
	TT horas	0	TT horas	0	TT horas	0	TT horas	0	TT horas	0	0
	Qtd. Horas totais/dia (8h)	480	Qtd. Horas totais/dia (8h)	480	Qtd. Horas totais/dia (8h)	480	Qtd. Horas totais/dia (8h)	480	Qtd. Horas totais/dia (8h)	480	2400
	Ocupação (%)	0	Ocupação (%)	0	Ocupação (%)	0	Ocupação (%)	0	Ocupação (%)	0	0

O resultado que se espera obter a partir desse mapeamento é uma visão geral da área e dos processos de cada colaborador, ou seja: na fase de diagnóstico, devemos ser capazes de entender quais colabores têm a rotina mais pesada; o que pode estar tornando a rotina pesada; se tem algum dia da semana ou alguma semana do mês que esteja mais descalibrada (por exemplo, podemos ter o time financeiro trabalhando 40% mais na quarta semana do mês em relação às outras semanas, em virtude do fechamento).

O propósito do mapeamento é entender como podemos ajustar as rotinas e até reorganizar algumas rotinas da empresa, para não sobrecarregar nenhuma pessoa ou área.

O exemplo mostrado na Tabela 3 é um caso hipotético de consolidação do número de horas ao longo da semana, mas muito real em diversas companhias e departamentos. Imagine cinco pessoas trabalhando para o departamento de Gente de uma grande empresa:

TABELA 3. EXEMPLO DE OCUPAÇÃO DE CADA COLABORADOR POR DIA DA SEMANA.

		Segunda-feira	Terça-feira	Quarta-feira	Quinta-feira	Sexta-feira	Média
1	Marcos Toledo	95%	85%	92%	95%	50%	83%
2	Maria Santana	89%	78%	58%	98%	78%	80%
3	Ana Rubens	95%	117%	105%	100%	120%	107%
4	Paulo Macedo	85%	85%	92%	95%	50%	81%
5	Carlos Branco	74%	85%	68%	78%	85%	78%
	Média	88%	90%	83%	93%	77%	86%

Como podemos ver, existe uma colaboradora sobrecarregada, Ana Rubens, com 107% do seu tempo de escala de trabalho ocupado, ou seja: ela está acima da jornada permitida. Nesse mesmo exemplo, temos um colaborador, chamado Carlos Branco, com 78%.

Outro ponto interessante é que quatro colaboradores têm uma média parecida – todos com cerca de 80% da sua jornada de horas ocupadas. Será que o gestor errou a carga da Ana Rubens, ou ela não está performando como esperado? Nesse caso, o que se deve fazer? Dividir a carga? Treiná-la? Mudar de área?

Todas as perguntas são de suma importância e não têm uma resposta padrão. Quando se mapeiam claramente as atividades da semana, como funcionam dia após dia e até a lista das atividades de cada colaborador, isso possibilita que você, como gestor ou até dono da empresa, auxilie esse colaborador a aprimorar o departamento.

Na Tabela 4, repito o cenário, mas, em vez de dividi-la em dias da semana, apresento a porcentagem de ocupação ao longo de um mês (mais precisamente, cinco semanas). Nesse caso, podemos ver que, estatisticamente, a última semana do mês é a mais ocupada, possivelmente pelo fechamento de folha de pagamento. No entanto, ainda vemos que a Ana Rubens continua ocupada em todas as semanas, sobretudo na última. Nesse caso, eu começaria o diagnóstico analisando a última semana, para entender qual atividade é a mais demandante e o que têm feito a Ana ter uma ocupação de 122% em relação à sua carga horária semanal.

Outro método, que acredito fazer parte do todo, é trazer as tarefas em base de lista e elencar a complexidade de cada uma delas. Com essa lista, é possível identificar se existe alguma tarefa em que a complexidade e a dificuldade estejam descalibradas, e aproveitar para rever o processo e a lista de atividades diárias.

Na Tabela 5, ainda dentro do time de Gente e Gestão, trago o exemplo de uma lista de cinco atividades.

Tabela 4. Exemplo de rotina ao longo das semanas. Porcentagem de ocupação de cada colaborador ao longo do mês.

	1ª semana	2ª semana	3ª semana	4ª semana	5ª semana	Média	Média
1	Marcos Toledo	78%	75%	79%	85%	86%	80%
2	Maria Santana	85%	84%	83%	84%	85%	84%
3	Ana Rubens	102%	117%	108%	125%	158%	122%
4	Paulo Macedo	90%	92%	95%	92%	90%	92%
5	Carlos Branco	70%	75%	80%	78%	85%	78%
	Média	80%	88%	89%	93%	101%	91%

Tabela 5. Lista de atividades mensais e análise da dificuldade

	Atividade	Nível de dificuldade	Tempo médio de realização (min.)
1	Fechar a folha	5	120
2	Pagamentos/reembolsos	3	70
3	Reuniões de entrada de turno	2	90
4	Fechamento (combustível da frota)	4	180
5	Comunicados (agenda corporativa)	3	100

Níveis de dificuldade: 1 – muito fácil; 2 – fácil; 3 – médio; 4 – Difícil; 5 – Muito difícil. Média de tempo dispendido para realizar a ação pode ser contabilizado com as interrupções.

Podemos observar que algumas atividades podem estar muito operacionais e talvez haja algum tipo de problema na atividade "Fechar a Folha", visto que o colaborador a definiu como nível 5 em dificuldade, ou seja, muito difícil. Será que existe alguma oportunidade de melhoria, como automatização, por exemplo? Será que essa seria a pessoa certa para a atividade?

Gosto de reforçar esse ponto: as pessoas têm receio de compartilhar suas rotinas com os líderes, pois têm medo de parecerem incompetentes ou despreparadas, ou até mesmo serem demitidas sem justificativa plausível.

Nosso trabalho como líderes é quebrar esses medos e ajudá-las a montar gestão e governança que funcionem, mostrando para elas que um ajuste pode ser benéfico para a organização e para as pessoas dentro da empresa e do departamento.

NA PRÁTICA

- ☐ Pegue uma função ou pessoa do seu time que tenha posição operacional de grande importância.
- ☐ Faça uma lista das atividades, sem definir os dias da semana.
- ☐ Avalie essas atividades com essa pessoa, enumerando de 1 a 5, sendo 1 muito fácil e 5 muito difícil.
- ☐ Tente entender quantas horas por dia seu colaborador gasta com cada ação, mesmo as mais simples, como responder aos e-mails, por exemplo.
- ☐ Divida as atividades por dia da semana.
- ☐ Divida a lista em 5 semanas e veja como fica o mês total, tendo uma visão clara da rotina.
- ☐ Faça um plano para facilitar as 5 ações mais complexas e que demandam mais tempo.

Capítulo 6

GESTÃO DE TAREFAS

"Não tenha medo de desistir do bom para perseguir o ótimo."
(John D. Rockefeller)

Alguns anos atrás, eu estava trabalhando numa empresa colossal de bens de consumo e caí de paraquedas em uma sala com mais de 20 pessoas, entre gerentes, diretores e vice-presidentes. Eu era um dos mais juniores ali, tinha menos de 30 anos. Mas – o que parece ser algo recorrente em minha carreira – acumulava a gestão de vários projetos, ou seja: acabava envolvido diretamente no trabalho de diversas pessoas, de áreas diferentes.

Nem bem a reunião começou e dois líderes de setores distintos passaram a trocar farpas, publicamente, a respeito de arestas de um projeto em andamento. Logo aquilo se transformou em uma sessão de lavar roupa suja – com 23 espectadores fingindo normalidade.

Se os chefes brigavam, isso logo inflou os ânimos dos seus subordinados. Em pouco tempo, os times já estavam participando da discussão, com as pessoas apontando os dedos umas para as outras. Buscavam-se culpados. Ninguém mais tinha a presunção da inocência àquela altura.

Entrei mudo e saí calado. Pensei naquela expressão "briga de cachorro grande". Era melhor ficar quieto. Foram duas longas e penosas horas. E inúteis, já que nada ficou decidido naquela reunião.

Então um dos líderes do alto escalão interrompeu o show circense:

– E aí, pessoal? Bora almoçar uma comida árabe hoje?

Diante da aprovação coletiva, todos nos levantamos e fomos em um bem localizado e famoso restaurante de São Paulo. A reunião acabou. A briga também acabou. Tudo acabou em pizza. Ou, no caso, em esfirra, homus e falafel.

Fiquei sem entender nada. As reuniões ali eram assim? Reunião de gente grande é assim? Eu esperava encontros mais focados, objetivos. Vi, na prática, um exemplo péssimo de reunião sem pauta, sem *follow-up*, sem aderência à agenda. Minha impressão foi horrível naquele dia fatídico.

A falta de mentalidade para os negócios, com uma visão proativa de entrega de valor, é o maior perigo para uma organização. O problema é que muitos negócios demoram a diagnosticar essa falha e, quando chega a hora de tomar decisões duras, às vezes é tarde demais.

O poder da gestão mitiga esse risco e traz à luz onde estão alocadas as maiores ineficiências, seja nas pessoas ou nos processos. A beleza da gestão é que ela impõe perguntas difíceis para as quais muitas vezes você sabe a resposta, mas não quer acreditar.

É fácil abrir tarefas e manter as pessoas ocupadas; difícil é gerenciar essas tarefas e ver o que está progredindo. Executar essa etapa corretamente requer uma forte dose de disciplina e persistência. Algumas pessoas podem considerar chato ou até desnecessário, mas verificar na prática o que dá certo e o que dá errado é o caminho para o êxito.

Na sequência, veremos como realizar a abertura de tarefas e o gerenciamento das atividades. Meu objetivo nessa parte do processo de gestão é apresentar a maneira mais eficiente de se conduzir o *follow-up* das atividades; para isso, apresento algumas opções, sejam autorais ou sistemas que já existem.

Para uma tarefa ser bem executada, deve-se, primeiramente, deixar claro a governança das tarefas. Nesse sentido, é importante definir:

- **Qual é a tarefa**: a definição da tarefa é de suma importância; ela precisa ser clara e objetiva.
- **Quem é o responsável:** a tarefa precisa ter apenas um dono, portanto, alguém tem que ser o responsável.
- **Prazo**: a datas de início e fim devem estar claras e o prazo precisa ser bem definido.
- **Investimento e retorno**: a atividade tem investimento? Se sim, qual? Precisa ter negociação? Se tem investimento, qual será o retorno esperado da ação?

Um ponto de grande relevância sobre gestão de tarefas é como tratar e cobrar a execução das tarefas. Nesse ponto, sugiro ter bem firmadas as datas dos encontros e como será organizada a reunião, começando pela ordem dos assuntos. Reuniões efetivas devem ter clareza do público que participa, bem como hora para começar e terminar.

O *framework* da Figura 10 apresenta os pontos essenciais para gerenciar bem qualquer reunião, independentemente do tema ou do tópico. Não quero ser presunçoso e dizer que somente esses pontos são os relevantes; pode ser que haja outros que eu não esteja considerando, deliberada ou inconscientemente. Todavia, creio que esses são os essenciais para termos um drive de solução de problemas.

Como já participei de centenas de reuniões de vendas, logística, compra de linha, venda de fábrica, endividamento, com todo tipo de profissional, posso afirmar com convicção que todas as reuniões efetivas têm 14 elementos bem executados.

Muitas vezes você trabalha com pessoas sérias e de altíssimo gabarito, produtivas e eficientes. No entanto, pode ser que elas conduzam de maneira errada as reuniões, e alguns problemas podem surgir em virtude dessa governança ruim:

- monólogo: na reunião, somente uma pessoa fala, ou poucas pessoas interagem;

GOVERNANÇA DA REUNIÃO
Data firme, com baixo ou nenhum nível de alteração
Hora início/Hora fim
Ordem dos assuntos
Pessoas relevantes envolvidas com as tarefas
Pauta das reuniões
Começar pelos **pontos críticos**
Ter as pessoas **corretas na sala**. Menos é mais

GESTÃO DE TAREFAS
Qual a tarefa - clareza
Responsável pela tarefa, apenas 1 dono
Pessoas envolvidas com as tarefas ("*sponsors*")
Data de Início da tarefa
Prazo de conclusão da tarefa
Investimento
Retorno

Figura 10: Framework dos 14 pontos para uma reunião efetiva.

- críticas: baixo nível de crítica aos pontos tratados. As pessoas se sentem inseguras ou têm medo de expor suas ideias;
- evento surpresa: como alguém que convoca uma reunião surpresa espera que as pessoas tenham algo de valor a acrescentar? As chances são baixíssimas, e isso pode ser um erro claro de governança;
- sem *follow-up:* a reunião começa com assuntos aleatórios. O líder ou dono da reunião simplesmente apresenta os temas de maneira desorganizada e espera que todos tragam respostas ou soluções sobre as perguntas feitas;
- abrir GAP/fechar GAP: as tarefas fazem aniversário, porque simplesmente não houve uma solução e as pessoas decidiram ignorar o tema. Não se encerra o argumento, mesmo que seu resultado seja falha ou erro. Uma vez, quando eu trabalhava em uma startup, para provar meu ponto sobre esse assunto, levei um bolo e velas para cantar parabéns para um tema que não tinha fim. Depois desse dia, o time entendeu que podemos simplesmente fechar o tópico, mesmo que seja um insucesso.

FERRAMENTAS PARA GERENCIAR TAREFAS

A seguir, apresento uma ferramenta autoral e outras que estão disponíveis no mercado. Meu objetivo é detalhar COMO usá-las no seu dia a dia para facilitar a sua vida e a do seu time.

Sobre a relação entre a equipe e suas tarefas, uma dica de ouro que aprendi a duras penas: o que frustra o time não é gerenciar as tarefas, mas a maneira como nós líderes fazemos isso – nosso tom de voz, nossa frequência, nossa maneira de enxergar os contratempos.

Eu mesmo já errei com a equipe e tornei o processo menos prazeroso, por fazer desse momento um momento binário – ZERO ou UM –, em vez de ser um momento de debate e busca por soluções, usando minha experiência, senioridade e criatividade para ajudar a encontrar soluções não usuais.

Seria "forçar a barra" eu afirmar que devemos tornar esse momento divertido, mas ele pode ser rico em trocas e profundo em termos de negócios, se olharmos o problema por uma ótica realista e ponderada. Nós, como líderes, queremos resultado e entrega, mas devemos ter jogo de cintura para entender que será necessário ajudarmos na construção.

Ferramenta 1: Task Management Dashboard (TMD) ou Painel de Gerenciamento de Tarefas

O TMD foi criado por mim durante a pandemia, quando todos estávamos um pouco perdidos sobre como gerenciar os times a distância. Estávamos sobrecarregados, com muitas reuniões, e as empresas enfrentavam uma grande dor de cabeça: cada pessoa trazia sua maneira de gerir uma tarefa. Algumas eram super detalhistas; outras, não passavam nem perto disso. Era um show de horrores.

Além disso, alguns colaboradores que tinham *insights* relevantes a compartilhar, a respeito de assuntos pendentes, não conseguiam fazê-lo, porque o colega mais eloquente "roubava" o tempo de reunião com seu carisma e retórica. Isso é bastante recorrente, e às vezes é até mesmo utilizado como estratégia de conquista de espaço por algumas pessoas.

Essa ferramenta que criei se adequa ao meu estilo de gestão. Recomendo que, ao longo do tempo, você desenvolva algo que tenha a ver com sua empresa, seus negócios e o seu time. O TMD apresenta algumas informações claras, como quem fez a tarefa, onde parou, qual a porcentagem de atingimento dessa mesma tarefa.

Através dele, você consegue ter um bom acompanhamento e divulgar elementos de lembrança das outras reuniões. Como o TMD considera tempo, pois tem uma fórmula que calcula data de início e fim, você consegue ver a quantidade de dias em aberto, e esses são os detalhes que gosto de ver e acompanhar: por que uma tarefa está demorando mais de 100 dias para ser concluída?

O TMD apresenta as seguintes informações:

1. data de início;
2. qual é o departamento;
3. categoria de problema;
4. passos do problema;
5. responsável pela tarefa;
6. pessoal envolvido;
7. velocidade de execução (de 0 a 5);
8. facilidade de implementação (de 0 a 5);
9. impacto (de 0 a 5);
10. ganho ou impacto financeiro;
11. ação 1 – plano de ação a resolver;
12. ação 2 – segunda ação para resolver;
13. data de término previsto;
14. data real da finalização;
15. porcentagem da atividade concluída.

Uma das principais funcionalidades em uma ferramenta de gestão é criar tração, pois, assim, as tarefas ganham vida e movimento. Um fator psicológico interessante nas ferramentas de gestão é fazer a pessoa que está gerenciando uma tarefa pensar no que está fazendo, por isso, gosto de categorizar itens como *Velocidade de execução, Implementação, Impacto financeiro*.

Percebi que as pessoas costumam levar muitos itens para reuniões, com o objetivo de parecerem ocupadas e sobrecarregadas, o que acaba sendo uma perda de tempo para todos. Quando ranqueamos os itens, podemos observar as pessoas mais preocupadas em traduzir prioridades e deixar claro o que vem antes.

Sempre começo minhas reuniões com as tarefas de maior prioridade ou maior impacto, e isso muda o jogo, pois o time se obriga a seguir o acompanhamento das tarefas. Assim, a reunião se torna menos pessoal, tendo compromisso com todos os participantes. Passa a ser uma engrenagem: independentemente do cargo ou status, o importante é resolver, dar sequência, colocar ritmo e trazer movimento às tarefas.

Outra boa prática do TMD é o resumo das tarefas. Ao fim de cada reunião, acredito ser interessante enviar aos times envolvidos um acompanhamento de como estão essas tarefas. Na Figura 11, apresento um exemplo de relatório gerencial que mostra esse processo, incluindo os membros participantes, a quantidade média de dias em aberto e outros indicadores importantes.

TABELA 6. TASK MANAGEMENT DASHBOARD (TMD).

Start date	Depto.	Problem category	Steps	Responsible	Person involved	Velocidade execução	Facilidade de implementação	Tamanho do impacto do step
5/2/20	Planeja-mento	Descartes	Mapear processos desajustados	J. P.	P. B.	3	4	5
5/2/20	Planeja-mento	Descartes	Análise e cate-gorização das causas – pareto causas	B. S.	J. P.	3	3	4
5/2/20	Planeja-mento	Descartes	Revisão proces-sos de produção – lote mínimo produção	P. B.	O. A.	4	5	5
15/2/20	Planeja-mento	Descartes	Alocação cor-reta dos Centros de Custos dos descartes	P. B.	J. P.	3	2	4
15/2/20	Planeja-mento	Descartes	Análise pareto maiores des-cartes/sku e descontinuação de skus	P. B.	D. O.	3	1	5

→

TABELA 6. TASK MANAGEMENT DASHBOARD (TMD). (CONT.)

Monetary gain or savings?	Ação 1	Ação 2	Due date	Date the job done	# task open	# days to finish	% complete	TT points
R$ 0	Tratamento base descartes de 2017 a 12/2019		18/2/20	20/2/20		15	100%	12
R$ 0			20/2/20	20/2/20		15	100%	10
R$ 300.000			25/2/20	20/2/20		15	100%	14
			1/3/20		1513		50%	9
R$ 400.000	Mapear principais descartes e entender a fundo sua causa	Alinhar com comercial desconti-nuação dos seleciona-dos	30/3/20		1513		20%	9
								0

Gerecial Pro - TMD Pro

Descartes

TT Tasks	5	
Tasks Accomplished	3	60%
Tasks not accomplished	2	40%

Average days of task open	1513
Average days to finish a task	15

Envolvidos no projeto	TT Tasks	Task Accomplished	Task not Accomplished
Paula Bastos	3	1	2
Breno Silva	1	1	0
João Pereira	1	1	0
Alencar Santos	0	0	0
Osvaldo Aranha	0	0	0
	0	0	0
	0	0	0
	0	0	0
	0	0	0
	0	0	0
	0	0	0
	0	0	0
	0	0	0

Departamento	Monetary gain or savings?
Paula Bastos	R$ 700.000
Breno Silva	R$ 0
João Pereira	R$ 0
Alencar Santos	R$ 0
Osvaldo Aranha	R$ 0
	R$ 0
	R$ 0
	R$ 0
	R$ 0

Figura 11: Gerencial TMD.

Ferramenta 2: Planner Microsoft

O Planner é uma ferramenta paga dentro do pacote Microsoft Office. Admito que fico impressionado com o quanto ele se mescla com outras ferramentas dentro do Outlook. Essa ferramenta já possui assistente de agendamento e alerta de avisos por e-mail, para saber se as tarefas estão andando ou não.

No exemplo da Figura 12, vemos uma organização por progresso, onde se pode observar o que foi iniciado, o que está em andamento e o que foi concluído. O grande apelo dessa metodologia é ser democrática, ou seja: todos têm acesso a ela e podem editá-la.

Outro ponto de grande eficiência do Planner é a flexibilidade para criar, dentro das caixas, descrição, lista de pendências, data de início e fim e também para nomear o setor.

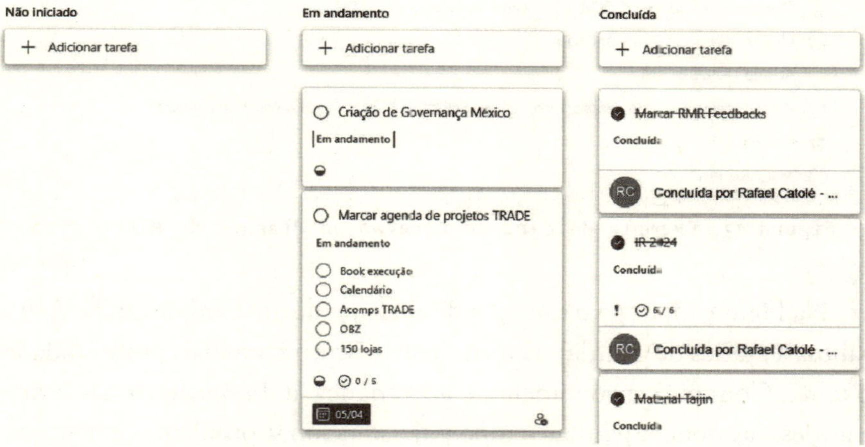

Figura 12: Exemplo das atividades distribuídas no Planner.

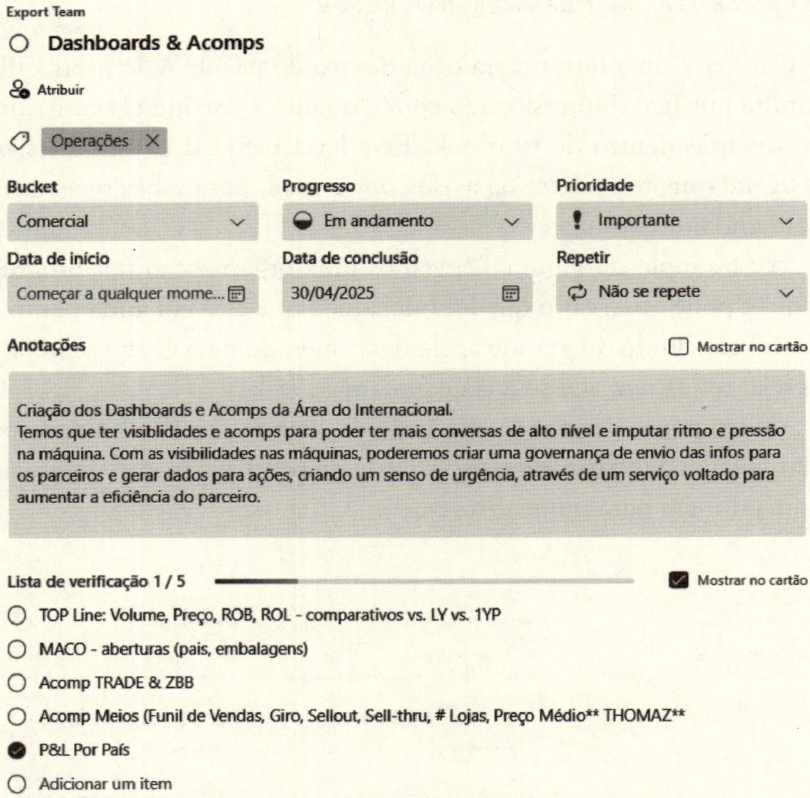

Figura 13: Exemplo de card de tarefas no Planner da Microsoft.

Na Figura 13, trago o exemplo de abertura de um card de tarefa. Acho valiosa a prática de guardar histórico para discutir com mais profundidade o tema. Com esse envolvimento e governança, a discussão torna-se rica e as pessoas podem ganhar tempo para solucionar problemas em vez de procurar desculpas por não terem feito sua parte na solução do problema.

Tem, ainda, outro fator que acho de grande valia: as visões que essa ferramenta proporciona. Existe uma visão chamada "Grade", em que você pode ver e acompanhar as tarefas em lista, facilitando a condução de reuniões com mais pessoas. Às vezes, uma visão de quadro, como o da Figura 14, pode ser mais complexa quando temos uma reunião com mais de cinco pessoas.

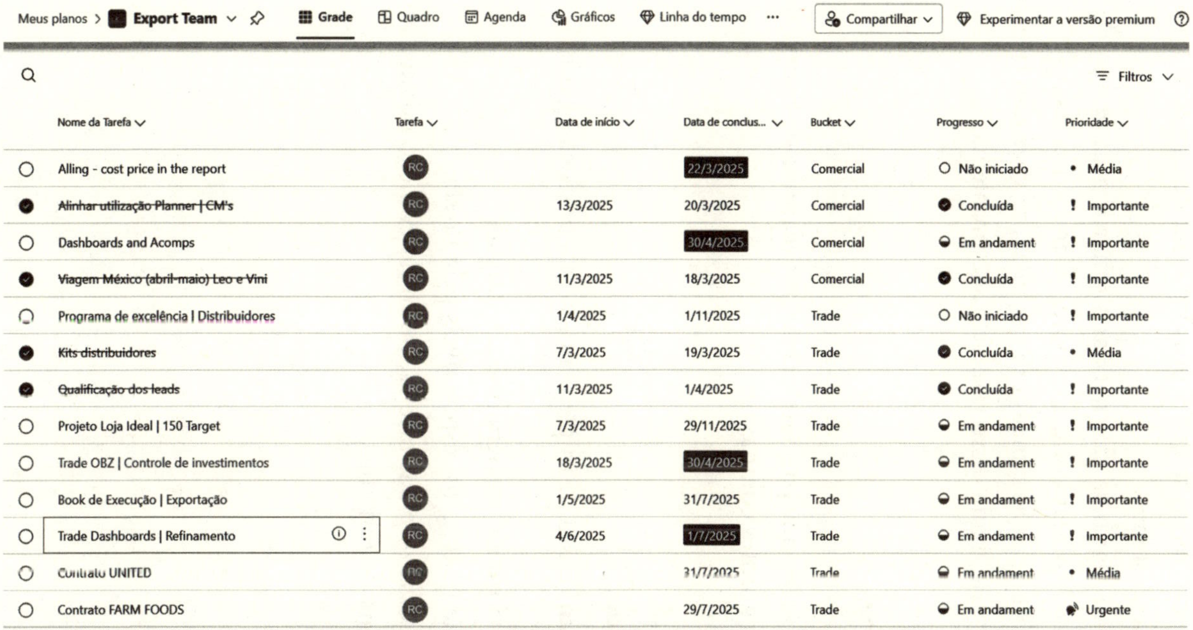

Figura 14: Exemplo da visão Grade no Planner.

Existem muitas ferramentas – algumas que provavelmente não conheço ou das quais não gosto. Meu objetivo aqui é trazer duas opções, mas, além disso, mostrar que é possível fazer gestão com ferramentas caseiras ou já existentes.

Deixo aqui algumas alternativas similares para gestão de tarefas: Trello, Pipefy, Monday.com, Evernote, Wunderlist, Asana.

Mas lembre-se: a ferramenta só organiza; se você não tiver metodologia ou processo, nada disso resolverá seu problema.

NA PRÁTICA

☐ Liste suas principais tarefas em uma planilha de Excel e divida-as nas seguintes colunas:

- o quê;
- quem;
- quando;
- quanto (custo de implementação ou potencial ganho).

☐ Defina uma data para olhar as tarefas.

☐ Alinhe na data os responsáveis pela tarefa.

☐ Faça *follow-up* das tarefas, tanto no começo quanto no fim da semana de trabalho.

Capítulo 7

GESTÃO DE CONTRATAÇÃO

"Tempo gasto em contratação é tempo muito bem investido."
(Robert Half)

Nos primeiros anos da minha carreira, bati muita cabeça tentando ser contratado. Eu sabia do meu potencial e da vontade que eu tinha de vencer, mas ainda não tinha um currículo que provasse isso, como todo jovem estudante universitário.

Quando olho para trás, vejo que aprendi muito sobre gestão de contratação pelos acertos e erros dos processos seletivos que enfrentei, principalmente nessa fase inicial.

Em 2007, por exemplo, quando estava no terceiro ano do meu curso de Administração na PUC-Rio, eu queria muito um estágio em determinada empresa, uma gigante do ramo da telefonia.

O processo seletivo era feito por uma agência recrutadora. A primeira fase havia sido conduzida por uma profissional que parecia ter a vida ganha, uma realidade bastante diferente da minha. Percebi que não havia nenhuma empatia entre nós dois. Alguns dias depois, ela me ligou para contar que eu estava descartado.

Lembro exatamente da situação. Eu estava me preparando para entrar no banho. À época, tinha um celular Nokia:

– Rafael, tô te ligando para avisar que você não passou…

Quase chorei ao telefone. Eu queria muito aquele estágio. Para mim, representaria o começo de uma nova vida, um ponto de partida em minha carreira.

Uma correção: na verdade eu queria muito UM estágio. Àquela altura, já havia me candidatado a umas 50 vagas, e não aguentava mais tantas negativas. Qual era o meu problema, afinal? O que eu estava fazendo de errado? Por que eu não conseguia estágio em lugar nenhum?

Tomei coragem e perguntei para ela. Achava justo ter um feedback, por fim.

– Rafael, o teu problema é que você não tem pedigree. Você não tem uma roupa legal para ir. Você não morou fora. Você não fala inglês. Recrutador aqui no Rio não quer isso. Recrutador quer quem tem história para contar. Você não tem nenhuma história. Tem que criar a história.

Foi humilhante. Dei uma resposta malcriada; falei que, já que eu não tinha pedigree, iria comprar um.

Nem bem desliguei o telefone e meu foco era outro: precisava arrumar uma viagem para morar fora, fazer um intercâmbio. Mas precisava ser algo curto – afinal, estava fora de cogitação trancar minha matrícula na PUC ou, pior, ser reprovado por faltas. E tinha que ser relativamente barato, ou não caberia no meu bolso.

Para pagar o intercâmbio, fui trabalhar com o meu tio, que tinha uma serralheria. Virei seu ajudante e office boy. Também trabalhei em uma loja de sucos; acordava às 4 horas da manhã para receber as frutas que chegavam, planilhar tudo, organizar o dia e as entregas.

Juntei uma graninha e acabei conseguindo bancar três meses em Ann Arbor, no Michigan, Estados Unidos. Fiquei lá de dezembro de 2007 a março de 2008. Estava começando a construir uma história, como a recrutadora havia me cobrado.

Mas o maior aprendizado sobre contratação de pessoas foi ter participado do processo seletivo para trainee da Ambev. Era 2009, eu estagiava em um shopping do Rio. Quando percebi que ali não teria chances de crescimento, foquei na gigante das bebidas.

Sabia que seriam muitas fases e uma concorrência absurda: mais de 50 mil candidatos disputavam vinte e poucas vagas. Decidi largar o trabalho para estudar. Virou minha ideia fixa: eu seria trainee da Ambev.

Estudei inglês. Estudei a Ambev. Estudei os caras que iriam me entrevistar. Li tudo a respeito. Sabia como os executivos falavam, quais gírias usavam, quais eram seus tons de voz. Foram seis meses de preparação. Depois fiz inscrição, primeira entrevista, dinâmica de grupo, entrevista em inglês, outra dinâmica, estudo de caso e entrevista final. Fui comunicado que estava dentro no dia 29 de novembro de 2009, às 20h50 da noite. Foi uma festa.

Saiu matéria no jornal *O Globo*; guardo o exemplar até hoje. Dizia que era o processo seletivo mais difícil do Brasil. A Ambev empreendia muito tempo em seus processos seletivos, e tempo gasto em contratação – como disse Robert Half – é um tempo muito bem investido.

Depois de certo período, comecei a contratar e participar de vários processos seletivos, agora como avaliador. Lembro que, nos meus primeiros cinco anos, já tinha entrevistado mais de 500 pessoas. Esse número me marcou, talvez porque eu tenha sido um desses profissionais em início de carreira que enfrentou muitas dificuldades para conseguir o primeiro emprego.

PROCESSO DE CONTRATAÇÃO

Contratar a pessoa certa para sua equipe ou empresa pode e vai mudar a sua sorte.

Eu mesmo, quando já era sênior, *C-level*, passei por percalços ao realizar cinco ou seis contratações erradas, que me trouxeram muitos problemas. Hoje, percebo que alguns pontos-chaves podem ajudar a mitigar o risco de contratações errôneas, e algumas técnicas podem ajudar o gestor a suavizar os dias iniciais do novo e tão esperado colaborador na empresa.

1. Papel e responsabilidade do colaborador

- Qual é a rotina do colaborador?
- Quais são seus entregáveis?
- Qual é sua principal meta?

2. Habilidade

- Qual habilidade você está trazendo para o time por meio desse colaborador?
- A pessoa está pronta para a função ou você terá que ensiná-la?
- Essa pessoa tem histórico prático para conduzir a função? Expectativa *vs.* realidade.

3. Entregável

- Qual é o principal entregável desse colaborador, ou seja, que resultado se espera dele ao fim de uma tarefa ou de um projeto?
- O que essa pessoa deve entregar em curto, médio e longo prazo?
- O que pode ser considerado sucesso, mesmo que ele ou ela não entregue o principal indicador de responsabilidade?

Alguns anos atrás, a Netflix ainda não era tão famosa e enfrentou uma série de dificuldades em contratação. Nessa época, eles tiveram a ideia de expor para todos uma apresentação com seus valores e no que a companhia acreditava. Era uma tentativa de fazer as pessoas enxergarem e absorverem a cultura e a crença da empresa, antes mesmo de se candidatarem para as vagas que estavam abertas.

Segundo alguns líderes da empresa, o índice de *turnover* era muito alto, dado o ambiente volátil e as mudanças de produto. Acredito que eles foram brilhantes e assertivos, maximizando seu funil de contratação.

Compartilho essa história neste ponto do livro porque uma das coisas que aprendi sobre contratação é *deixar o candidato entrevistá-lo também,* ou seja: ser claro quanto às crenças e o jeito da empresa. Isso é importante para alinhar as expectativas do colaborador com as da empresa nesse novo desafio.

Algumas recomendações honestas para dividir com o candidato no momento da entrevista:

- o que você acha bom na empresa *versus* o que acha que precisa melhorar;
- os principais desafios do dia a dia. Seja honesto, pois a pior coisa é alguém ser contratado e descobrir na prática que o sistema da empresa é lento e trava a todo instante, por exemplo;
- o que mais admira na cultura da empresa e o que acha frágil;
- como você vive a cultura da empresa no dia a dia?;
- o que mudaria na empresa se tempo e dinheiro não fossem problemas?

Aonde quero chegar com essas perguntas capciosas?

Criar verdade e transparência é fundamental, pois, como um casamento de sucesso, os pares se conhecem e reconhecem suas falhas. Acredito que esse processo de entendimento e verdade ajuda a alinhar a expectativa e traz noção da realidade.

Imagine o tempo gasto e o dinheiro investido para contratar uma pessoa e depois de 50 dias ela se demite? Você tem que começar tudo do zero, treinar novamente... Fora o abalo emocional nos demais funcionários ao ver mais um membro "abandonar o barco". Acredite: isso tem um peso muito grande. Ninguém gosta de torcer para time que está perdendo.

Durante a pandemia, fiz uma série de bate-papos com pessoas sérias e muito competentes no que fazem. Uma dessas conversas foi com a Mariana Dias, que já era uma referência em processo seletivo mesmo antes de fundar a Gupy. Uma das perguntas que fiz a ela foi a respeito das etapas de contratação. Nessa conversa, ele me forneceu esse modelo, representado na Figura 15, para captar o fluxo:

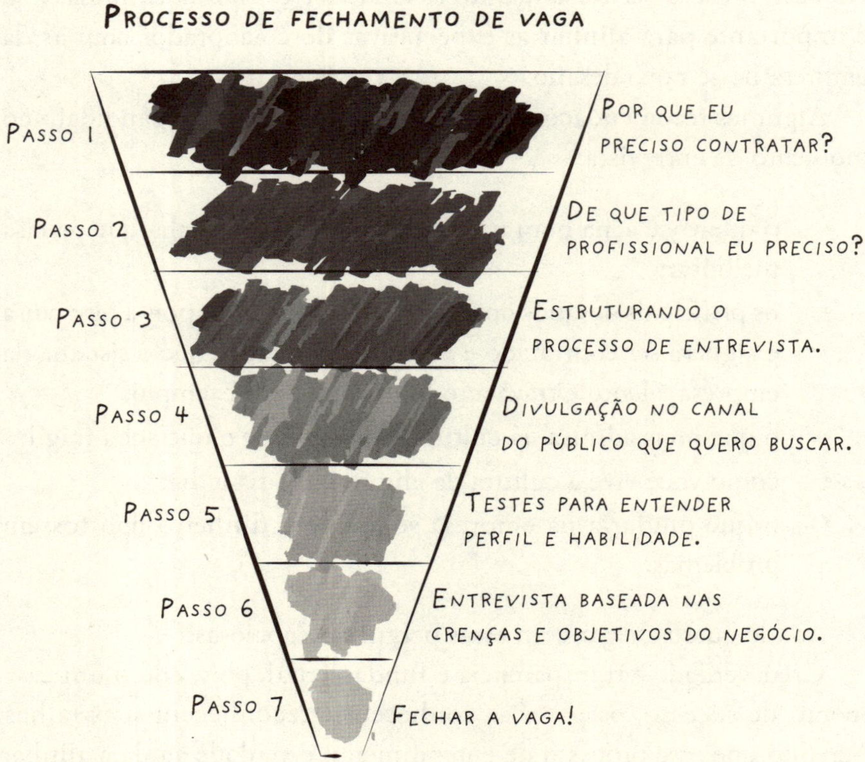

Figura 15: Funil de contratação em 7 etapas.

Nesses processos seletivos e em seus testes infindáveis, será que realmente estamos dedicando tempo nas perguntas corretas e sendo incisivos nos pontos que realmente queremos testar?

Às vezes, gostamos de nos enganar, contratando uma pessoa que tem um perfil parecido com o nosso, ou um profissional de grande potencial que ainda é uma promessa, e não uma realidade. Existe uma certa prepotência velada ao pensarmos "Essa pessoa não está pronta, mas eu vou desenvolvê-la". Pode ser que isso não ocorra; é melhor ponderar sobre essa possibilidade.

Criei um checklist com 10 pontos bem relevantes a se considerar no momento da entrevista. São questões que afetam diretamente o entrosamento do futuro colaborador com o gestor e a equipe, e os resultados que poderá trazer à empresa (Tabela 7).

TABELA 7. CHECKLIST DE BOAS PRÁTICAS

1	Deixar o candidato falar, mas ajudá-lo com perguntas bem elaboradas.
2	Pedir exemplos reais das entregas nas cadeiras que ocupou.
3	Perguntar sobre falhas e erros passados e explorar o tema.
4	Pedir para pessoas de outras áreas envolvidas o entrevistarem.
5	Pedir para o candidato falar em detalhes como faz algo para qual você o está contratando.
6	Pedir referências boas e não tão boas para falar sobre o candidato. Importante escutar pessoas que não sejam grandes fãs do candidato.
7	Fazer um bate-papo com todos que entrevistaram o candidato e pegar opinião real.
8	Brifar bem as pessoas que vão entrevistar o candidato e esclarecer do que você realmente precisa.
9	Deixar claro suas expectativas de curto, médio e longo prazos. O que essa pessoa precisa fazer?
10	Entender a expectativa da pessoa em relação à empresa e à posição que vai ocupar.

É importante ter alguns pontos de atenção com candidatos que você pretende trazer para seu negócio. Por isso, a seguir compartilho algumas experiências frustradas que tive e até momentos em que errei como contratado ou contratante.

Sobre erros e falhas ao contratar um candidato, deixo um grande conselho: muito cuidado e atenção com pessoas que nunca cometem erros, cuja culpa dos fracassos sempre é atribuída aos outros. Minha experiência diz que essas pessoas são imaturas emocionalmente, ou pior, desconectadas da realidade. Dependendo do nível da sua empresa e maturidade da equipe, esse novo integrante pode ser um elemento tóxico e destruir em pouco tempo um trabalho de engajamento.

PONTOS DE ATENÇÃO COM CANDIDATOS A UMA VAGA

1. *A pessoa é excelente, a melhor em todos os atributos; os outros que não compreendem o quanto ela é boa.* Olho aberto a esse tipo de comportamento, pois geralmente está relacionado a falta de maturidade e autopercepção.
2. *Por algum motivo, o candidato quase nunca fracassou; tudo que esse profissional faz ou fez é bem-sucedido.* Esse é outro ponto de atenção: pessoas com um senso de conquista e geração de valor descalibrados.
3. *Todos implicam com essa pessoa por algum motivo, com certeza porque ela se destaca.* Falta de jogo de cintura e saber navegar bem em diferentes lugares, com diferentes pessoas. Esse ponto é bastante comum e indica um fator preocupante.
4. *Não consegue contar profundamente uma história de fracasso, sempre apresenta coisas simples e superficiais.* Muitas vezes o profissional almeja um salto vertical na carreira e se coloca em processos de entrevistas, mesmo sem estar pronto. É sempre bom aprofundar e ser bastante detalhista nessa fase da entrevista.
5. *Tem uma visão e percepção de tempo descalibrada com suas capacidades e entregas.* Imagine uma pessoa que tem 27 anos e quer ser o CFO da empresa, sem ter passado pelas cadeiras para ter real entendimento do funcionamento da área. Não tem nada de errado no fato de a pessoa ser jovem e estar em uma posição-chave, todavia, é incomum um crescimento exponencial sem experiências prévias muito relevantes e com clara geração de valor.
6. *Passou por ciclos curtos dentro das empresas nas quais trabalhou.* Na minha visão, ciclos abaixo de 3 anos são insuficientes para se ter e construir geração de valor relevante. Obviamente que existem exceções, com pessoas realmente muito diferenciadas e até brilhantes. Sim, isso pode acontecer; nesse caso, cabe ao entrevistador extrair essa informação de maneira positiva e habilidosa. Ainda assim, muitos ciclos curtos seguidos são um grande sinal de alerta.

7. *Durante a entrevista, a pessoa tem dificuldade em estruturar o discurso de como conduz ou conduziu suas tarefas.* Imagine que você está contratando um profissional para criar um departamento comercial e essa pessoa tem dificuldade de detalhar *como* fazer isso. Saber se expressar objetivamente é fundamental para que o gestor saiba como aquela pessoa pode agregar ao departamento ou empresa.
8. *A pessoa é prolixa.* Na minha opinião, o nervosismo é compreensível. No entanto, se for exacerbado, pode demonstrar falta de preparo ou até uma percepção errada de si mesmo. Caso perceba que o profissional tem potencial, tente acalmá-lo.

Conduzir uma boa entrevista não é sinônimo de ser sério, frio ou seco, muito pelo contrário. As pessoas têm estilos, experiências e culturas distintas, mas certo apanhando de boas práticas geral pode ajudar o entrevistador na conversa com os candidatos.

Por ter participado de muitos processos em ambas as posições – entrevistador e entrevistado –, já vivi e aprendi muito. Cometi vários erros, mas também tive grandes acertos. Durante esses anos de experiência, percebi que seguir algumas recomendações pode facilitar a vida do entrevistador:

1. *Estude o candidato.* Não tente adivinhar o que ele é apenas por um aperto de mão ou jeito de falar. Vá com calma nas pré-concepções.
2. *Seja pontual.* Lembro que, na minha fase de estágio, alucinado por uma oportunidade, cheguei a esperar até 1 hora para ser entrevistado. Depois de um tempo, aprendi que alguns entrevistadores usam isso como técnica, para ver como o candidato se sai com esse tipo de situação. Isso é uma besteira, pois pontualidade é sinônimo de respeito.
3. *Seja amistoso.* Vários entrevistadores gostam de se fazer de durões e passam uma imagem ríspida para tentar tirar o candidato do eixo. No entanto, é melhor ajudar o candidato a se acalmar, caso ele esteja muito nervoso ou ansioso. Esse ponto, inclusive, era

um erro que eu mesmo cometia, por ter aprendido da maneira errada. Com o tempo, fiquei mais maduro e mudei minha abordagem ao entrevistar candidatos a uma vaga.

4. *Seja gentil e educado*. Em 2017, fui entrevistado como candidato a CEO de uma empresa que seria comprada por um dos fundos de investimento do Jorge Paulo Lemann. Nesse dia eu me sentaria com ele, além de outras cinco pessoas, para mostrar meu plano de ação dos primeiros 100 dias como *general manager*. Obviamente, estava muito nervoso. A primeira coisa que ele fez ao me ver foi abrir um sorriso. Disse que tinha perguntado para o João Castro Neves (CEO AB Inbev USA na época), sobre mim e que ele havia respondido: "O garoto é um monstro". Aquilo me deu confiança e me deixou mais à vontade para a sabatina. A todo momento, durante as três horas de entrevista, ele me fazia perguntas duras, provocava, mas sempre com gentileza. Lembro que, no final, ele ainda separou 30 minutos finais para conversarmos sobre amenidades e garantir que eu me sentia bem. Por fim, fez questão de me levar até o elevador e apertou o botão do térreo. Aquilo me marcou, pois nunca havia sido entrevistado por alguém tão gentil e cortês quanto ele.
5. *Peça detalhamento das habilidades*. Seja detalhista sobre o que realmente precisa em termos de habilidade pessoal do candidato. Faça perguntas, aprofunde o tema e, caso não se sinta confiante para isso, traga pessoas que o façam.
6. *Garanta pelo menos duas pessoas para realizar a entrevista*. Ter mais pessoas participando do processo seletivo irá ajudar a captar possíveis pontos cegos e trazer novas óticas sobre a pessoa entrevistada. Esse fator é essencial, pois a pessoa que está sendo entrevistada pode se sentir mais à vontade com um dos dois condutores e, no fim, o principal trabalho do entrevistador é extrair o melhor do candidato.
7. *Passe o bastão*. Se o candidato for entrevistado por mais pessoas, em dias diferentes, é muito importante "passar o bastão", ou seja,

compartilhar as principais informações entre os entrevistadores, até mesmo para a segunda ou terceira onda de entrevistas ter um ponto de partida e, assim, explorar em profundidade os pontos críticos.

NA PRÁTICA

- ☐ Qual é o tempo médio de fechamento de vaga na sua empresa ou departamento?
- ☐ Qual é a taxa de retenção em 6, 12, 24 e 48 meses?
- ☐ Quantos líderes da sua empresa vieram da base? Qual é o percentual disso?
- ☐ Qual é a taxa de saída dos talentos?
- ☐ Quantas pessoas abaixo do nível de coordenação têm potencial de crescer além da diretoria?
- ☐ Qual é o percentual de mulheres na liderança da sua empresa?
- ☐ Quão diverso é o seu time, considerando estilos, *backgrounds* e formações?
- ☐ De todas as etapas do funil de contratação, qual é a mais lenta?
- ☐ De todas as etapas do funil de contratação, qual é a menos efetiva?

O QUE BUSCAMOS ALCANÇAR?

Capítulo 8

GESTÃO DE VENDAS

"A persistência realiza o impossível."
(Provérbio chinês)

Este tema por si só daria um livro inteiro. Aqui, faço um apanhado geral a fim de embutir mais velocidade nas vendas de sua empresa.

Não sei que tipo de negócio você tem ou no qual trabalha; se é um produto final ou serviço, se vende direto para consumidor final, ou para o varejo ou distribuidores. Todavia, apresento algumas dicas e oportunidades que são úteis a qualquer negócio.

TIME CORRETO

Não se engane: não conte com o fato de que irá trazer "talentos" excepcionais, contratações geniais, e que essas pessoas farão milagres. Contrate pessoas com habilidades específicas para o que precisa vender.

Aprendi que pessoas que já sabem vender o produto que você comercializa são um grande recurso para cortar caminhos, pois esses profissionais conhecem os tomadores de decisão, sabem o preço correto para colocar na ponta, possuem vasto conhecimento de qual ação gera efeito mais rapidamente.

Em 2023, lançamos a Natural One no México. Era um grande desafio, pois a categoria de sucos 100% naturais já existia, mas ainda era muito pequena, equivalia a apenas 4% da categoria total. Estávamos entrando nas redes, mas nosso rendimento era baixo e o giro não estava compensando a troca que os compradores das redes faziam.

Nesse momento, tivemos a ideia de trazer um profissional mexicano chamado Akin. Ele tinha vasta experiência em execução, pois tinha começado sua trajetória como repositor de lojas e conhecia a fundo a dinâmica das redes mexicanas. Com algumas negociações bem-sucedidas e alterações de calendário promocional, em 90 dias nosso giro aumentou 5 vezes, com o mesmo investimento.

Invista em pessoas obcecadas por vendas e que gostem da categoria de produto da sua empresa. Gostar de consumir o seu produto já é o primeiro passo para um gatilho mental de compromisso mais forte.

O profissional de vendas costuma dar nó em pingo d'água; ele quer volume, quer o controle e quer vender. Esse perfil busca o prazer de fechar negócios e os prêmios atrelados ao seu sucesso, mas, principalmente, conhece os caminhos para chegar lá.

Ainda que pague mais caro, escolha o melhor vendedor que puder. Às vezes, preferimos economizar alguns mil reais por mês, mas o perfil certo e ávido por negócios pode adicionar R$ 3 ou 4 milhões na sua receita operacional, injetando uma grande entrada no seu caixa e trazendo uma boa dose de paz ao pagar as contas.

MODELO DE REMUNERAÇÃO

Uma pauta sempre polêmica por onde passo é o modelo de remuneração. Eu mesmo já fui e voltei muitas vezes nesse ponto, mas posso compartilhar um modelo que vem funcionando muito bem nos últimos anos, ao qual chamo de híbrido:

- 60% remuneração fixa;
- 40% remuneração variável;
- 20% de adicional em prêmios de incentivos.

Esses primeiros 60% podem estar abaixo, na média ou acima do mercado, dependendo do quanto sua empresa for atrativa. Por exemplo, se você tem uma fila de pessoas querendo trabalhar em seu negócio, pode estabelecer uma remuneração fixa um pouco abaixo do mercado para mitigar seu risco.

Caso sua empresa não tenha renome, talvez uma remuneração fixa acima da média seja um bom atrativo, já que, nesse caso, o candidato tem mais risco de estar na sua empresa, devido a uma reputação ainda desconhecida.

Os adicionais dos incentivos são um grande gatilho. Implementá-los em um momento-chave pode ajudar a acelerar momentos de crise ou aproveitar um fechamento de *quarter* (trimestre fiscal), caso tenha investidor ou conselho diretivo.

Existem alguns tipos de incentivos que ajudam muito a agregar o foco necessário às vendas:

- bateu-levou: se a pessoa ou o time bater o desafio proposto, pode ganhar o incentivo;
- ranking: recebem o incentivo apenas os melhores do ranking;
- grupo: a meta para o grupo e o time precisa fechar a lacuna para todos ganharem o adicional.

Cada tipo de incentivo funciona com um objetivo. No tipo "bateu-levou", você quer que cada indivíduo dê um extra em sua própria média de vendas. Essa abordagem funciona bem em empresas com vendas mais técnicas e baixo nível de competição entre colaboradores.

Já o ranking funciona adequadamente em um ambiente mais competitivo, no qual algumas pessoas gostam e querem maior destaque.

Costumam ser mais usados em negócios que lidam com bens de consumo, nos quais os nomes na lista de atingimento ajudam a colocar "lenha na fogueira".

A meta em grupo costuma ser implementada quando os negócios têm muitos desvios de números na equipe e é necessário fazer o todo se ajudar para fechar o *gap*. Por meio dessa técnica, em geral, você vê os melhores vendedores do seu time ajudarem os de menor performance com dicas ou até melhores abordagens para fechar o desafio do grupo. Também é útil para identificar quando um membro é deixado de lado pelo grupo, por qualquer que seja o motivo. Nesses casos, é melhor se aprofundar para entender o real cenário, pois pode ser que haja um elemento do qual a própria equipe já desistiu.

Lembre-se: o time de vendas é um organismo vivo e facilmente foge do controle. Uma ação gera centenas de reações, e é exatamente assim que tem que ser. Nós, de vendas, estamos com o olhar vivo o tempo todo; uma simples ação de incentivo ensina muito sobre equipe e engajamento: aquele que sempre ganha; aquele que, para cada dificuldade, tem cinquenta problemas; aquele que é deixado de lado; ou até mesmo o time que não se anima nem com incentivo. Seja qual for o diagnóstico, você deve estar atento e envolvido, analisando as performances e acompanhando a evolução individual e coletiva.

MELHORES E PIORES CLIENTES

Gosto muito de dedicar tempo para tentar entender a dinâmica dos clientes. Além de fazer um comparativo entre eles, tiro um momento para explorar clientes que performam bem, e outros que nem tanto.

Fui um dos fundadores de uma empresa chamada ProCompra, em 2015. Basicamente, éramos uma *lead generator company*. Em outras palavras, nossa preocupação era vender lista de clientes qualificados para o varejo.

Funcionava assim: vamos imaginar que você estava terminando a reforma do seu novo apartamento, tinha acabado de se casar, e precisava contratar serviços de marcenaria. No esquema tradicional, você precisaria pegar a planta da sua casa ou um projeto do seu arquiteto, colocar debaixo do braço e ir de loja em loja para pedir orçamento e analisar as variáveis, certo?

Pois nossa ideia era facilitar esse processo para os dois lados: tanto para o cliente, que teria tudo mastigadinho para analisar, quanto para as empresas, que não precisariam perder tanto tempo com negócios que, em boa parte das vezes, não avançariam.

Então você entrava em nosso site, selecionava o serviço desejado, por exemplo, marcenaria, e respondia a um questionário com perguntas rápidas que nos ajudariam a dimensionar o serviço. Depois, alguém da nossa equipe ligava para validar tudo, checar se todas as respostas estavam corretas, e vendíamos o seu pedido para empresas compatíveis.

Era uma lista quente, valiosa. Ou seja: o *lead* existia, e as lojas recebiam esse potencial cliente já filtrado.

Naquele momento, a ideia funcionou. Em pouco tempo, estávamos faturando de R$ 40 a 50 mil por mês. Mas identifiquei que os resultados não obedeciam a um padrão. Havia bons e maus clientes. Busquei identificar esses gargalos, afinal, se eu os resolvesse, agregaria mais valor ao meu produto – teria um produto melhor, na verdade.

Decidi passar uma semana nas lojas de móveis planejados, que era o maior setor da cartela do ProCompra. Dividi a semana da seguinte maneira: passaria dois dias em clientes com resultados acima da média, um dia em um cliente mediano, e dois dias em clientes péssimos, que reclamavam do nosso serviço e da qualidade dos *leads* vendidos.

Nessa experiência, percebi a diferença. Não era por acaso que algumas lojas performavam muito melhor do que outras – havia um trabalho diferenciado. Basicamente, as de sucesso tinham uma metodologia eficiente de vendas. Seus vendedores ligavam para o potencial cliente, faziam um acompanhamento, chamavam para visita. Mandavam um e-mail marketing caprichado. E, quando o futuro comprador de móveis chegava para conversar, era recebido com um cafezinho da manhã, com uma flor bonita na mesa. Era no mínimo um trabalho bem-feito.

Comecei a pensar nisso e criar um modelo em que a ProCompra também venderia um treinamento às lojas. Assim, fui aumentando o produto. Em vez de vender somente *lead*, o *lead* passou a ser um produto de uma cesta baseada em um tripé: os potenciais negócios, como já fazíamos; dados detalhados dos potenciais clientes; e treinamento de qualidade para melhores performances de venda.

Bingo! Em poucos meses, saímos de R$ 40-50 mil ao mês para R$ 200 mil, aumentando o ticket médio e a taxa de sucesso do negócio.

Embora a ProCompra não tenha seguido em frente, esse exemplo pode ajudar muito a detalhar comportamentos e ações que geram valor. No caso dos clientes *best in class* da ProCompra, o que observamos foi o seguinte:

- eles tinham um *script* de vendas por telefone pronto;
- seguiam a lista dos *leads* e tentavam entender a dor dos clientes, não apenas vender no primeiro contato;
- tinham destreza na visita técnica e impressionavam pelo cuidado;
- faziam *follow-up* e tinham uma técnica de organização para fazer contato a cada 3 dias, além de serem sempre cordiais;
- havia curadoria nos orçamentos, ou seja, tinham clareza no custo e nos prazos;
- tinham programa de incentivo, como prazos mais longos e brindes na contratação do projeto (jogo de cadeiras, miniadega e itens do gênero).

Já os piores clientes tinham características que todo mau vendedor tem: eles sequer ligavam para os *prospects*, ou desistiam no primeiro contato não atendido. Tinham pressa e queriam vender no primeiro encontro, gerando medo e insegurança no cliente. Toda venda é um namoro que pode virar casamento, por isso, toda fase deve ser conduzida com cuidado e profundidade.

A falta de *follow-up* em alguns times de vendas, ou seja, a falta de consistência e continuidade ao fazer acompanhamento das negociações, é algo estarrecedor.

Em uma lista dos cinco principais problemas de fechamento de vendas, um deles certamente é a falta de acompanhamento na relação – até para ter uma posição clara de continuidade ou negativa por parte do cliente na negociação.

Vejo muitos profissionais que enviam propostas e, quando se dão conta, passaram-se 40 dias sem que recebessem nenhuma resposta, positiva ou negativa. Isso é um absurdo; o cliente deveria ter no máximo 3 dias para se posicionar, depois disso, deve-se avançar no funil, seja para fechamento ou depósito de clientes que não fecharam negócios.

REUNIÃO DE RESULTADOS

Vamos ser claros e diretos: reunião de resultados em vendas ocorre todo dia, independentemente do seu cargo ou posição. A ânsia por vender e o desejo de protagonismo devem estar presentes na equipe, o que não significa que toda pessoa de uma equipe de vendas deve ter aquele perfil expansivo, falante, cheio de lábia.

Eu, particularmente, gosto dos que falam pouco e são certeiros, ou até aqueles mais técnicos, que se divertem nas funcionalidades ou benefícios dos produtos. Ter estilos diferentes é ótimo e saudável, mas o foco do seu time tem que ser fechar negócios – o bom e velho ABC: *always be closing*[5].

Se você não se acha ávido por fechar negócios, só gosta da emoção da negociação, reveja sua posição na equipe. Nem todos os membros do departamento comercial precisam ser negociadores e obcecados por fechar negócios, e está tudo certo com isso. Talvez você seja um bom *back-office*.

Para um gestor ou chefe de negócios, qual é a melhor e mais prática modelagem para fazer reunião de resultados? Eu gosto de algumas, que compartilho a seguir. Esses tipos de condução, bem como a lista de

---

5 "Sempre feche negócios", em tradução livre. Lema popularizado pelo personagem Blake (Alec Baldwin), ao tentar motivar o time de vendas no filme *Sucesso a Qualquer Preço* (Direção: James Foley, 1992).

perguntas, são apropriados para o time de vendas. Seu trabalho é fazer as perguntas e deixar o time de vendas se explicar. Meu conselho é ter uma pessoa de confiança, que lide com números ou dados, junto, para a validação das respostas.

Caso você não tenha o profissional de dados, é importante que o contrate assim que possível, pois alguém precisa lidar com as informações sobre subsídios de negócios. Se ainda não tiver dinheiro para contratá-la, então você deverá assumir esse papel. Alguém precisa contestar o time comercial, quando necessário, com fatos e dados, pois é bem possível que faça uma reunião para sair do ponto A e, ao fim, chegue ao mesmo ponto, depois de três horas de caminhada.

Funil de vendas

Já falamos sobre o funil de vendas anteriormente, e é um modelo que realmente adoro, sobretudo a análise de quantidade de negócios por etapa do funil – aquele momento em que você, numa sala com 30 vendedores, fala: "Abre seu funil de negócios". Se o vendedor ficar tenso, é possível que já esteja em débito, ou porque não tem controle, ou porque não deu andamento às vendas.

Pontos a se avaliar:

- quantidade de negócios por etapas;
- quantos negócios foram fechados na última semana ou no último mês;
- quantos negócios fechados no mês atual *versus* a mesma data no mês passado;
- quantos clientes aumentaram o ticket médio;
- quantos clientes foram adicionados na etapa inicial do funil;
- quantas negativas temos, quais os exemplos e o porquê da negativa. Aqui, peça para serem detalhistas e observe se o time traz propostas para reverter as negativas. Se o vendedor traz grande parte dos *leads* como negativos sem propostas de reversão, existe uma grande chance de ele estar mentindo para você.

Carteira

A carteira de vendas se aplica mais às vendas de bens de consumo, ou mais de volume e menos de serviço. Gosto bastante desse tipo de reunião, que costuma ser bastante rica.

Pontos a se avaliar:

- clientes com compras *versus* clientes da base sem compra;
- produtos comprados e o peso do portfólio da compra;
- volume de compra atual *versus* mês passado *versus* ano passado;
- lista de clientes sem compras no mês 1, mês 2, mês 3. Aqui, busco entender se temos *churn*[6] e os motivos da falta de compra;
- evolução da base de lojas com produto por região, mensal;
- ticket médio por cliente.

Base de clientes

A reunião sobre a base de clientes é um pouco diferente de funil ou carteira. Ela costuma ser um pouco mais técnica e destrinchar em detalhes como está a base de clientes – tanto se o cliente já é consolidado ou se está prestes a entrar na base.

Pontos a se avaliar:

- vendas das últimas semanas;
- calendário promocional fechado;
- plano de *trade marketing* alinhado;
- *sell-in/sell-out* por loja;
- tamanho do espaço de gôndola;
- novos sabores, SKUs – como está o andamento das reuniões.

---

6 Métrica que indica a quantidade de clientes ou receita que uma empresa perdeu em determinado período.

Esse apanhado de indicadores que listei anteriormente não é para deixar as pessoas tensas, mas para entender onde existe problema e o que não está andando. Partindo do pressuposto de que as pessoas têm dificuldade de lidar com negativas, falhas e fracassos, nosso trabalho é ajudá-las a enfrentar o real problema e achar um caminho. Por isso, sempre que possível, analise os números do departamento de 1 a 2 horas antes da reunião. Estar preparado irá ajudá-lo a fazer as perguntas certas.

Um exemplo real sobre esse assunto: em 2021, eu tinha um cliente de grande porte que me gerava um altíssimo *ebitda*[7] e margem para meu negócio. Depois de alguns erros de atendimento, perdemos a conta.

Quando questionávamos o cliente e os time diretamente envolvidos, as respostas eram evasivas. No entanto, quando olhávamos os KPIs, a resposta era apenas uma: tivemos atrasos significativos em embarques, que geraram um descompasso no calendário, fazendo com que perdêssemos o verão na Ásia, logo, tivemos *overstock*.

Atrasos acontecem, seja por falha de pessoas, condições climáticas, falhas de sistemas, expectativas erradas, erros mecânicos etc. Contudo, para o cliente nada disso importa; o que interessa é a promessa da venda concluída. Nosso trabalho como vendedores é mitigar decepções e oferecer o serviço conforme prometido. Então, decidimos trabalhar, melhorar o nível de serviço, trazer novas pessoas, mudar o sistema e reaver a conta.

Reunião de *forecast*

A reunião de *forecast* é aquela na qual as pessoas trazem suas melhores previsões e hipóteses do volume. A tradução para *forecast* seria "previsão", ou seja, "antecipação de algo que ainda não aconteceu; conjectura, suposição". Gosto dessa palavra, pois me dá uma sensação de construir um futuro, como se eu pudesse desenhá-lo, por mais incerto que pareça.

É interessante confrontar a criação de curva feita pelo time analítico *versus* a previsão do time comercial. Meu conselho é sempre pedir para o

---

7 Sigla em inglês para *earnings before interest, taxes, depreciation and amortization*, ou lucro antes dos juros, impostos, depreciação e amortização (LAJIDA), em português.

time comercial apontar o faturamento que eles acreditam ser viável para o mês corrente e para o mês seguinte. Esse *input* irá ajudá-lo a entender o que realmente pode esperar em termos de vendas e volume e, assim, preparar a projeção de demanda, com compras e produção.

Quando seu time de planejamento traça uma curva de previsão, ele inclui diversos fatores na equação. A ideia é que você tenha subsídio dos dois lados, do time de vendas – que tem o pulso do dia a dia – e da turma do *back-office* – que tem habilidades para traduzir incertezas em números.

Como um time de planejamento deveria projetar vendas:

- *sell-out* das últimas semanas;
- tendência de curva de crescimento ou decrescimento;
- sazonalidade (dependendo da sua indústria, mudanças no clima fazem toda a diferença);
- calendário promocional, qual o tipo de ação e o quanto ela geralmente promove de vendas na ponta;
- tamanho de inventário, antes e depois;
- DOH – *Days on Hands* (velocidade com que uma empresa usa seu estoque médio).

É importante que você anote a previsão feita e a compare com o resultado real dos vendedores e até do seu time de planejamento, pois, se existe muita dispersão, vale a pena entender o que está acontecendo.

Um vendedor que erra 50% da previsão de maneira recorrente, ou tem uma má compreensão do negócio em que atua, ou está apenas jogando números ao léu para se livrar da pressão. Nesse caso, é necessário tomar uma ação, seja treinamento, reposicionamento na empresa ou até desligamento.

Reunião de meios

Nesse modelo, falamos muito sobre os meios e pouco sobre resultados. Por exemplo: temos uma meta de Top Line, ou seja, Receita. Vamos supor que a meta mensal seja de R$ 50 milhões em faturamento. Nesse caso, a reunião detalha apenas os meios, ou seja, os componentes que formam a receita.

Alguns exemplos clássicos:

- cobertura de pontos de venda ou clientes: quantos clientes efetuaram compras neste mês *versus* mês passado e, por sua vez, *versus* ano passado;
- ticket médio: evolução do ticket médio por cliente;
- cobertura de portfólio: penetração do portfólio no cliente, seja de bens de consumo ou serviço. Por exemplo, se você tem uma agência, já faz um trabalho de gestão de mídias sociais e abriu uma área nova de assessoria de imprensa, qual percentual da base potencial já cobriu?
- *churn*: percentual da base que deixou de ser cliente. Isso vem diminuindo ou aumentando? Onde? Existe alguma área específica da empresa que se destaca nesse aspecto? Por que isso está acontecendo?
- ações de trade/ativação de marca: quantas atividades de marca aconteceram nesse mês? Quais são os tipos? Temos evidências das ações? Já temos um ROI (retorno do investimento) médio calculado?

NA PRÁTICA

- ☐ Faça uma lista dos seus 3 melhores clientes e os 3 mais problemáticos.
- ☐ Visite e crie um diagnóstico dos 2 grupos anteriores. Por que os 3 são bons e os outros 3 não?
- ☐ Elabore um plano de 7 ações que possam ser replicadas nos clientes que não sejam tão bons, para melhorias de curto prazo.
- ☐ Pegue seu time de vendas e crie rotas de visitas ao mercado, toda semana. Faça um rodízio na empresa: todos os dias, por tempo

indeterminado, alguém deverá sair com um vendedor. A ideia é gerar fricção, tanto nas pessoas quanto no time de vendas.

- [ ] Para todas as pessoas que fizerem a rota completa com o time, elabore um formulário (pode ser no Google), como *feedback* da rota, para coletar dados e oportunidades.

Capítulo 9

GESTÃO DE PESSOAS

"O talento vence jogos, mas só o trabalho em equipe ganha campeonatos."
(Michael Jordan)

Durante dois anos, estive à frente da vice-presidência de Gente e Gestão da Natural One. Foi a primeira vez que decidimos dar foco real em Gente e colocar métricas de avaliação, ter uma agenda proativa em pessoas e nos certificar de que estávamos indo no caminho correto. Nessa época, a empresa já faturava mais de R$ 500 milhões por ano e tinha aproximadamente 400 funcionários.

Sempre lembro de um amigo que dizia: "Parece que as pessoas de Gente são aquelas que menos gostam de pessoas". De certa forma, minhas experiências confirmavam aquela visão. Por isso, uma das primeiras coisas que fiz foi organizar a área para atender a todos.

Eu estava decidido a criar um departamento que trabalhasse em prol das pessoas, mesmo com todos os desafios: pouca ou nenhuma verba; apenas três pessoas para atender uma empresa de escala industrial; administrar três cadeiras ao mesmo tempo (VP de Gente, CMO e General Manager do Internacional). Era bastante desafiador – do jeito que eu gosto.

A seguir, relato um pouco da minha experiência ao montar um ciclo de Gente em uma empresa em ascensão. Novamente, não tenho a pretensão de provar que esse modelo é melhor ou mesmo o correto, mas apenas apresentar práticas testadas e implementadas na vida real.

O esquema que apresento a seguir baseia-se em minhas experiências passadas e no perfil da empresa, e permite uma atitude mais empreendedora na condução do trabalho no dia a dia.

ETAPA 1: LISTA DE COMPORTAMENTOS

Às vezes, não temos uma cultura bem definida, um quadro de missão, visão e valores na parede, um mantra para repetir... está tudo bem. Existem empresas que têm tudo isso e a cultura simplesmente não funciona.

Por isso, gosto de entender quais comportamentos e atitudes prezamos ou queremos conosco. Às vezes, não temos esses elementos no time, mas podemos trazê-los por meio de contratação ou realocação, por exemplo.

Para fazer esse diagnóstico na Natural One, realizei uma pesquisa interna bem simples, perguntando para as pessoas quais comportamentos elas mais admiravam e gostariam de ter no dia a dia. Em um segundo momento, já com uma lista prévia, entrevistei alguns líderes de setores, para entender quais eram os destaques em sua visão, e na sequência, apresentei aos meus pares e ao CEO.

Assim, elencamos um total de 23 atitudes e comportamentos que identificamos ou desejamos na empresa, entre as quais uma muito interessante que é se comportar como dono. Isso tem a ver com a própria empresa, que é enxuta e ainda tem esse modelo próprio das startups, em que cada um é convidado a tomar decisões como se fosse o proprietário da companhia.

Diagnosticar as atitudes e os comportamentos que norteiam a empresa é o ponto de partida para desdobramentos extremamente úteis para a compreensão das características do time atual – e também do que esperar de novos talentos.

A partir dessa pesquisa, conseguimos desenhar a cultura da empresa. E, então, criar os valores que são os princípios de nosso negócio. No caso da Natural One, chegamos a um acrônimo: ÁRVORE.

Á, de "Alma Empreendedora". Isso vem muito do nosso fundador: Ricardo Ermírio de Moraes tem sempre a ânsia de querer fazer, desenvolver, dar o próximo passo. Dentro desse valor, pudemos agrupar todas as atitudes que percebemos em nosso meio e que norteiam essa alma empreendedora.

R, "Rede". Somos uma empresa contemporânea e é até desnecessário dizer o quanto as redes de contatos, de conexões, de serviços e de atividades são essenciais ao nosso dia a dia. São as relações.

V, de "Verdade", uma característica muito presente em nosso dia a dia: temos transparência, agimos com honestidade. Essa conduta é a mesma quando estamos indo bem ou quando cometemos falhas. Na Natural One, quando erramos, assumimos a falha e tomamos as atitudes necessárias para a correção do problema, o ajuste da rota. Isso vale também para o comando: líder bom sabe admitir o erro e identificar as oportunidades de melhoria.

O, "Orgulho". Temos e precisamos ter orgulho dos nossos produtos, orgulho do que fazemos, de onde chegamos e do projeto em que estamos, assim como da meta que queremos alcançar.

R, de "Resultado com Alegria". Gostamos de celebrar e saborear os resultados – eles precisam ter o gostinho de um bom suco natural. Para isso, é preciso ter alegria no processo todo, ser uma pessoa de bem no dia a dia, manter o astral lá em cima. Nosso fundador também tem muito disso. Prezamos a felicidade das pessoas, mesmo em circunstâncias desfavoráveis.

E, de "Engajamento". Aqui, há um compromisso de mantermos o time e os parceiros engajados em nossa causa, que é semear saúde.

Isso é o que norteia nossas ações, nossos caminhos e nossas diretrizes.

Fico satisfeito que tenhamos conseguido chegar, com clareza, a esse cenário. Porque se tem uma coisa que tenho medo no âmbito da gestão de pessoas é de estar à frente de uma casa que não tem cultura, que não tem regra. Identificar as atitudes e os comportamentos e, depois, colocar no papel os valores, é nortear a equipe e a empresa como um todo.

Você pode organizar um processo similar em seu negócio. Quando sua lista estiver pronta, aconselho atribuir um peso para cada item elencado, em uma escala de 1 a 5 para cada atitude, sendo 1 abaixo do esperado (ou seja, tal característica é insuficiente em um colaborador) e 5 muito acima do esperado.

Na Tabela 8, apresento um exemplo de 10 comportamentos e competências para ilustrar como podemos usá-lo para avaliar um colaborador. Mais uma vez, esse processo deve ser construído junto, com participação de todos, para que nenhum aspecto relevante fique de fora na escolha das competências importantes para a empresa. Uma competência poderia ser *"Ser muito comedido com custos. Sempre tentamos gastar o mínimo possível"*. Esse exemplo é somente para mostrar que é importante entender a realidade de cada empresa na hora de escolher os itens.

Logo depois, o ideal é aplicar esse modelo em um sistema de avaliação, no qual você consiga mensurar e dar visibilidade aos itens. Por exemplo, nas Figuras 16 e 17, a seguir, apresento uma avaliação fictícia para cada um dos comportamentos. Nesse caso, utilizo uma escala de **1 a 5**, como se a pessoa estivesse mensurando o que ela percebe de destaque e de pontos que devem ser aprimorados na avaliação:

- nota 1, de menor valor, chamo de "Reversão Urgente", ou seja: é necessário um trabalho muito bem focado e um acompanhamento de perto;
- nota 2, "Abaixo do Esperado", é uma competência em que o funcionário não está indo bem, apesar de ter condições para tal. Talvez sessões de coach focadas ou uma mentoria interna possam resolver a situação;

Tabela 8 — Exemplos de comportamento

#	Competência	Comportamento	Descrição do comportamento
1	Capacidade analítica	Tem jogo de cintura para resolver problemas complexos	Quando não sabe resolver um problema, encara isso de maneira positiva e busca outros caminhos para trazer uma solução simples
2	Entrega de resultados	Velocidade e qualidade das entregas	Tem capacidade de entregar os resultados esperados e, quando entrega, faz algo de valor para toda organização
3	Entrega de resultados	Não inventa a roda e executa de maneira simples	Quando tem um problema procura um benchmarking ou alguma literatura que ajude a resolver.
4	Capacidade analítica	Gosta de resolver problema e não foge quando o problema é complexo	Entende que a nossa vida é descascar pepinos e não foge quando o problema é grande. Tem prazer em resolver problemas importantes para a empresa.
5	Liderança	Sempre tem respeito pelas pessoas, independente da situação	Nem sempre tudo é fácil ou tranquilo, principalmente quando estamos tentando solucionar algo complexo, mas independente de tudo, mantém o respeito e carinho pelas pessoas.
6	Liderança	Faz diferença quando participa	Temos muitas reuniões, rotinas e entregas, e a verdade é que tem dias que estamos mais cansados, mas mesmo nesses dias, quando resolvemos participar, sabemos que podemos fazer a diferença.
7	Inteligência emocional	Sabe lidar com frustração quando as coisas dão errado	Encara os erros, falhas e desafios de maneira positiva e leve.
8	Comunicação	Comunica de maneira simples e clara	Sabe se comunicar e todos entendem quando dá alguma direção.
9	Inteligência emocional	Tem um bom nível de energia positiva	Ninguém é positivo e alegre o tempo todo, mas no geral precisamos ser mais positivos que negativos.
10	Inteligência emocional	Tem vontade de aprender e humildade para escutar	Sabe que está sempre em desenvolvimento e gosta de escutar oportunidades de melhoria.

- nota 3, "Dentro do Esperado", seria a nota para a pessoa que performa dentro do esperado de acordo com a função e senioridade.
- nota 4, "Acima da Média": para pessoas que estão dominando a habilidade, conseguem melhorar o ambiente e são referências para outros colegas de trabalho.
- nota 5, "Modelo": umas das melhores pessoas que já se conheceu em tal competência. Ela não somente domina, como executa e ensina com maestria, está à frente de todos nesse quesito e é a grande referência dentro da empresa.

É muito importante, nesse momento da pontuação, ter clareza na atribuição das notas. Vale ressaltar que é imprescindível avaliar a pessoa com base no seu nível gerencial e hierárquico; saber como navegar nesse aspecto é importante, para que não seja duro nem benevolente demais.

LEGENDA PONTUAÇÃO

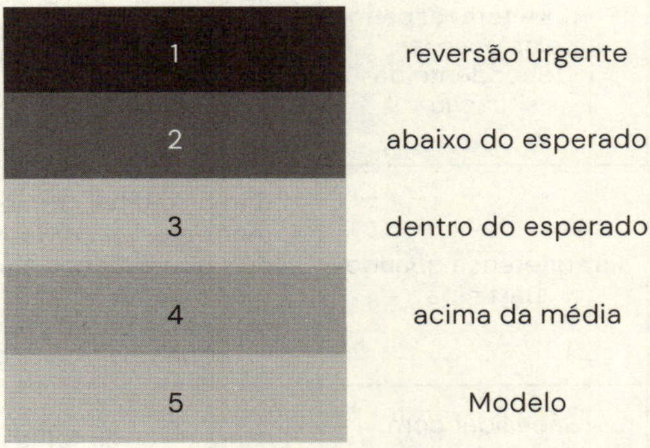

Figura 16: Descrição da escala de 1 a 5 na avaliação das competências.

Competência	Comportamento	Pontuação
Capacidade analítica	Tem jogo de cintura para resolver problemas complexos	5
Entrega de resultados	Velocidade e qualidade das entregas	4
Entrega de resultados	Não inventa a roda e executa de maneira simples	5
Capacidade analítica	Gosta de resolver problemas e não foge quando o problema é complexo	5
Liderança	Sempre tem respeito pelas pessoas, independente da situação	4
Liderança	Faz diferença quando participa	5
Inteligência emocional	Sabe lidar com a frustração quando as coisas dão errado	3
Comunicação	Comunica de maneira simples e clara	4
Inteligência emocional	Tem um bom nível de energia positiva	3
Inteligência emocional	Tem um bom nível de humildade para escutar	4
Inteligência emocional	Sabe trabalhar em grupo	3
Espírito de dono	É versátil e coloca a mão na massa	5
Organização & disciplina	Consegue dar follow-up nas pendências	5
Organização & Disciplina	Tem boa organização e faz as coisas de maneira estruturada	4
Liderança	Quando precisa, assume a liderança e toma as rédeas do problema	5
Liderança	Sabe assumir riscos e entende os impactos	5
Liderança	Engaja as pessoas na sua busca e consegue formar sócios em tudo o que faz	5
Espírito de dono	Pensa no todo e sabe que o coletivo vale bem mais	4
Inteligência emocional	Sabe se colocar no lugar das outras pessoas	4
Espírito de dono	Sempre pensa no impacto financeiro das suas atividades para a empresa	5
Capacidade analítica	Consegue traduzir planos complexos em ações visuais simples	4

Competência	Pontos	% Pontos sobre o total
Capacidade analítica	14,0	93,3%
Entrega dos resultados	9,0	90,0%
Liderança	24,0	96,0%
Inteligência emocional	17,0	68,0%
Comunica-ção	4,0	80,0%
Espírito de dono	14,0	93,3%
Organi-zação & Disciplina	9,0	90%

Legenda da pontuação:

1 – Reversão urgente;
2 – Abaixo do esperado;
3 – Dentro do esperado;
4 – Acima da média;
5 – Modelo.

Figura 17: Exemplo de modelo de avaliação.

ETAPA 2: FEEDBACKS

Gosto da ideia de as pessoas analisarem uma lista de atitudes e comportamentos, elencar uma nota, entender o quanto pesa cada um dos comportamentos e irem prontas para sessão de *feedbacks* e conversas. Imagine alguém que pensou uma nota em escala e preparou-se racionalmente para explicar por que lhe deu a nota 1 em um comportamento específico.

O que fez aquela pessoa pensar ou perceber que você está muito abaixo do esperado naquela competência? É nesse aspecto que mora a riqueza do processo, pois ambos terão a oportunidade de trocar de maneira honesta, visando à melhoria daquele que recebe o *feedback*. Para a pessoa que atribui a nota, é uma oportunidade de rever seu conceito e apurar se faltou capacidade de enxergar por outra ótica.

Imagino que você já tenha lido inúmeros materiais sobre esse tema, mas, em todas as mentorias que faço, percebo que *feedbacks* ruins são uma das grandes causas de frustração e incômodo na carreira das pessoas.

Por isso, compartilho algumas recomendações nesse sentido:

- prepare os temas da conversa com antecedência;
- leve exemplos práticos para ilustrar seu ponto de vista;
- nunca use a palavra de outras pessoas para explicar sua visão. Pode parecer que você conversou com outros funcionários sobre a percepção deles acerca daquela pessoa – e isso pode gerar insegurança e desconforto. Muito cuidado ao coletar informações;
- não se atrase;
- mantenha contato visual;
- esteja aberto a ouvir e deixe espaço para a pessoa expressar seus pontos e defesas, caso ela não concorde com o *feedback*. É possível que ela discorde do ponto de vista apresentado, principalmente se puder provar seu argumento com fatos e dados. Por isso, é importante que o colaborador tenha essa abertura, seja na reunião ou em algum momento posterior;

- esteja 100% presente, sem celular ou computadores;
- preste atenção no tom de voz e nas palavras, para não soar agressivo. Nesse momento, seja tranquilo e amigável, mesmo que tenha intenção de desligar o colaborador;
- monte um plano de reversão: debruçar-se em um plano é o ato mais humano que podemos ter com uma pessoa. Contar como os dois, juntos, irão caminhar para fechar os *gaps* é uma ação que gera comprometimento e amizade;
- para ter uma conversa proveitosa e profunda, faça anotações e comentários sobre cada uma das atitudes/comportamentos selecionados. Assim, ambos podem discutir um ponto de partida e trabalhar em cima de um "mapa".

Conheci muitos líderes experientes que eram perdidos em *feedback*, não tinham método ou faziam o mínimo esforço para entender o ponto de vista do colaborador. E, como muitas pessoas não têm o perfil de confrontar esse tipo de comportamento, esse tipo de líder ou gestor pode achar que está com a razão, sem se dar conta de que deixou o funcionário confuso, frustrado.

Muitas vezes, um *feedback* descalibrado tem o poder de destruir alguém que caminhava numa direção certa e quebrar seu entusiasmo, fazendo a pessoa repensar seu papel na organização.

Na Figura 18, apresento um exemplo de modelo, ainda dentro das competências para ajudar a organizar o *feedback*. Por exemplo, se você trouxer as competências que exigem *Reversão Urgente* junto daquelas em que a pessoa é *Modelo,* pode conduzir a conversa de maneira mais equilibrada, trazendo para a mesa os itens críticos sem perder o foco do que é bom e deve continuar sendo feito.

5 PONTOS PARA MELHORIA PESSOAL

#	Itens para Acompanhamento	Pontuação
A	**Sabe lidar com frustração quando as coisas dão errado**	3
B	**Tem um bom nível de energia positiva**	3
C	**Sabe trabalhar em grupo**	3
D	**Pensa no todo e sabe que o coletivo vale bem mais**	4
E	**Sabe se colocar no lugar das outras pessoas**	4

↓

A	**Sabe lidar com frustração quando as coisas dão errado**
Ação 1	Não descontar uma frustração com uma atitude negativa e não construtiva, principalmente se for em outra área
Ação 2	
Ação 3	

B	**Tem um bom nível de energia positiva**
Ação 1	Buscar levar humor e leveza que você já tem para o trabalho também
Ação 2	Exercícios de respiração e autocontrole
Ação 3	

C	**Sabe trabalhar em grupo**
Ação 1	Manter a coerência entre discurso e ação simples
Ação 2	Confiar que as pessoas podem ajudar você na sua entrega
Ação 3	

D	**Pensa no todo e sabe que o coletivo vale bem mais**
Ação 1	Ensinar quem você acredita que quer aprender e que vai ser o coletivo que você quer que esteja ao seu redor
Ação 2	
Ação 3	

E	**Sabe se colocar no lugar das outras pessoas**
Ação 1	O tempo das pessoas é diferente do seu e suas habilidades também. Buscar nas pessoas o que pode faltar em você.
Ação 2	
Ação 3	

5 PONTOS QUE MANDA BEM E DEVE CONTINUAR FAZENDO

#	Itens para Acompanhamento	Pontuação
A	Tem jogo de cintura para resolver problemas complexos	5
B	Tem vontade de aprender e humildade para escutar	4
C	Engaja as pessoas na busca e consegue formar sócios em tudo o que faz	5
D	Sabe assumir riscos e entende os impactos	5
E	Gosta de resolver problemas e não foge quando o problema é complexo	5

Alguns comentários para destaques positivos dos pontos fortes

Figura 18: Consolidação Feedback - arquivo para organizar.

Gosto de compilar toda a visão em uma página. Por mais simples que possa ser, um resumo visual sempre ajuda na interpretação. Na Figura 19, temos o resultado das Competências avaliadas, na escala de 1 a 5, com uma área de pontos altos e pontos baixos, baseados nos pontos da avaliação.

Sempre gosto de deixar um espaço para comentários, tanto positivos quanto construtivos, pois isso permite uma comunicação mais humana e completa, que vai além dos dados e números.

Reforço mais uma vez: a proposta deste livro é apresentar um sistema de gestão em que se gaste nada ou muito pouco. Durante 3 anos, usamos o Excel para fazer um sistema de avaliação 180º na Natural One e a empresa já faturava acima de R$ 500 milhões por ano.

Depois que o processo ficou maduro e entendemos as nossas oportunidades de melhoria, compreendemos que fazia sentido investir em um sistema. E como já havíamos aprendido anteriormente a organizar esse sistema em um modelo econômico, quando adotamos a plataforma Mereo, o processo foi muito mais fácil e fluido.

Pontuação por Comportamentos

Comportamento	Pontuação
Consegue traduzir planos complexos em ações visuais simples	4
Sempre pensa no impacto financeiro das suas atividades para a empresa	5
Sabe se colocar no lugar das outras pessoas	4
Pensa no todo e sabe que o coletivo vale bem mais	4
Engaja as pessoas na sua busca e consegue formar sócios em tudo o que faz	5
Sabe assumir riscos e entende os impactos	5
Quando precisa, assume a liderança e toma as rédeas do problema	5
Tem boa organização e faz as coisas de maneira estruturada	4
Consegue dar follow-up nas pendências	5
É versátil e coloca a mão na massa	5
Sabe trabalhar em grupo	3
Tem um bom nível de humildade para escutar	4
Tem um bom nível de energia positiva	3
Comunica de maneira simples e clara	4
Sabe lidar com a frustração quando as coisas dão errado	3
Faz diferença quando participa	5
Sempre tem respeito pelas pessoas, independente da situação	4
Gosta de resolver problemas e não foge quando o problema é complexo	5
Não inventa a roda e executa de maneira simples	5
Velocidade e qualidade das entregas	4
Tem jogo de cintura para resolver problemas complexos	5

Pontuação por Competência

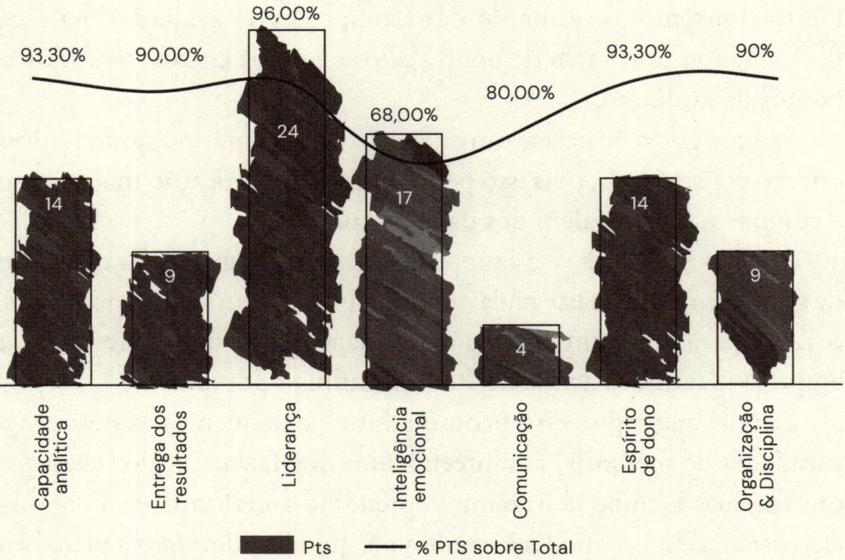

Figura 19: One Page - Matriz de avaliação e feedback.

ETAPA 3: NINE BOX

A matriz Nine Box é um método de avaliação de desempenho. Como seu nome já indica, a ferramenta funciona por meio da configuração de nove quadrantes, que medem a performance dos colaboradores.

Seu foco está no potencial de desenvolvimento dos profissionais a partir da análise do cenário atual, para então traçar planos para o futuro. Por meio dessa ferramenta, consegue-se identificar competências e habilidades para melhorar a produtividade dos talentos e aproveitar todo o potencial.

A Nine Box foi desenvolvida pela McKinsey nos anos 1970, e passou a permitir uma análise que desse suporte às decisões estratégicas da empresa. Por visualizar muitas informações, essa matriz otimizou a análise do desempenho e potencial de cada colaborador. Além disso, melhorou a gestão de pessoas e negócios por meio da análise de performance.

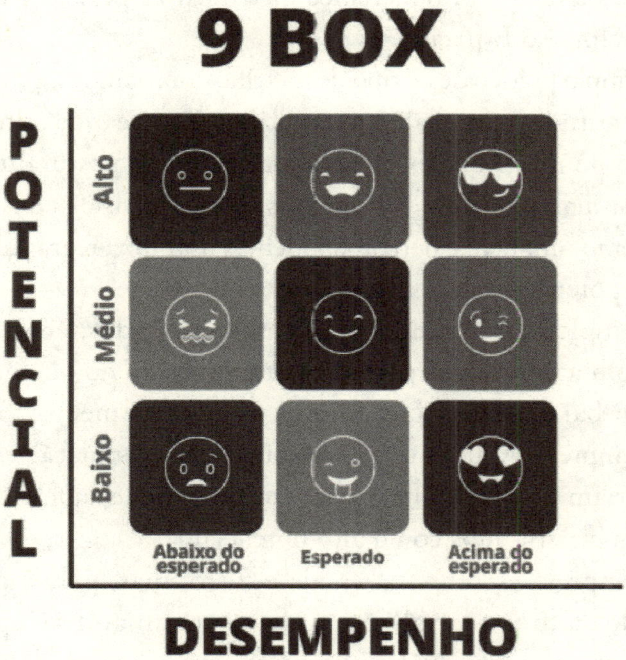

Figura 20: Matriz Nine Box.
Fonte: https://mindsight.com.br/os-problemas-da-matriz-9box/.

No Eixo Desempenho, traçamos a escala por meio do atingimento de metas, por exemplo:

- abaixo do esperado: de 0% a 65% de atingimento de metas individuais;
- dentro do esperado: de 66% a 100% do atingimento de metas individuais;
- acima do esperado: de 101% a 120% do atingimento de metas individuais.

No caso, nosso intuito é elencar as performances que estão acima do esperado, mas sua empresa pode precisar de uma escala mais suave, portanto, faça conforme for mais conveniente.

No eixo potencial, elencamos o perfil baseado nos pontos da avaliação. Da mesma maneira que ranqueamos atitudes e comportamentos em uma escala de 1 a 5, poderemos metrificar as pessoas em Abaixo, Dentro e Acima do Esperado.

Um exemplo prático desse tipo de metrificação: vamos supor que você elencou 20 atitudes para avaliar seus colaboradores e cada atitude pode ter de 1 a 5 pontos. Aquele colaborador que tem a postura impecável, em tese, pontuaria 20 × 5 = 100 pontos, portanto, 100% dos pontos.

Mas, como ninguém é perfeito, podemos usar uma regra para definir a escala de potencial baixo, médio e alto.

Por exemplo, colaboradores que foram avaliados, em termos de atitudes, com até 60% dos pontos estariam abaixo do potencial, pois apresentam baixa aderência a valores e comportamentos esperados dentro da empresa. Aqueles que apresentam uma pontuação entre 70% e 90% ficariam no quadrante do potencial médio, e aqueles acima de 90% seriam classificados como alto potencial.

Cada empresa escolhe sua escala e filtro, mas, para alguém ser considerado "alto potencial" em uma companhia, deve apresentar uma linha de corte alta. Não importa que sua empresa tenha apenas 20 funcionários, se você não valorizar aquele que entrega mais, compromete-se mais, faz mais que os outros, tenha certeza: os dias desse colaborador estão contados em sua empresa ou departamento. É apenas uma questão de tempo.

A vantagem de um sistema de avaliação único para todos é ter a chance de metrificar e usar a mesma base para avaliar cada colaborador. Então, se eu avalio que uma pessoa é nota 5 em alguma atitude, posso compará-la a outros colaboradores para ter certeza se de fato essa pessoa merece 5 ou não.

Outra grande vantagem do Nine Box é poder avaliar os quadrantes do seu time, ou seja, em qual quadrante cada colaborador está localizado.

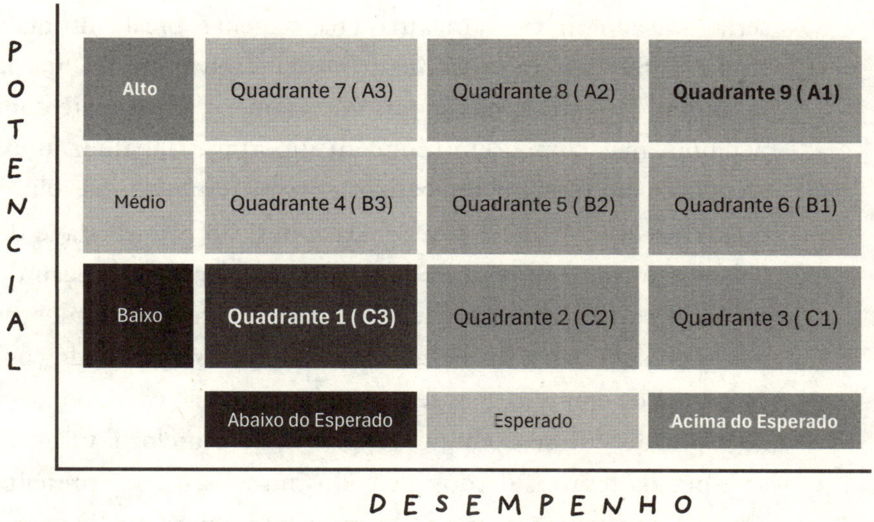

Figura 21: Matriz Nine Box com os quadrantes.

A Figura 21 apresenta a matriz Nine Box com os quadrantes. A ideia de ter um plano de ação mais claro para cada quadrante, ou pelo menos para os grupos, irá ajudá-lo a alocar dinheiro, tempo e expectativas no lugar certo.

Suponhamos que você tenha um cliente bastante importante, que requer certo nível de idioma para a comunicação, e você sabe que é vital ter alguém confiante em sua equipe para dar esse passo. Em quem você irá investir caso julgue necessário pagar um curso intensivo de inglês? Nas pessoas de vendas dos Quadrantes 8 ou 9 – A1 e A2, respectivamente –, pois apresentam mais aderência em termos de potencial e se provam bons conquistadores de resultados.

Para cada quadrante, você deve ter um plano de ação muito claro:

- quadrante 1: baixo potencial com desempenho abaixo do esperado. Nesse caso, a solução é o desligamento do colaborador. Essa pessoa possivelmente comete uma série de erros, pois além de baixo nível de engajamento com os valores da empresa, apresenta uma performance muito pobre. Isso significa que talvez não esteja preparada, ou exerce a função errada;
- quadrantes 2 e 3: esses profissionais têm alguma entrega de resultados, mas uma aderência baixa aos valores. Nesse caso, seria indicado um treinamento ou reciclagem sobre a cultura da empresa; talvez uma sessão de mentoria resolva o problema. Já vi muitos casos de profissionais que eram extremamente competentes, mas com quem ninguém suportava trabalhar junto. Depois de um treinamento básico, a pessoa respondeu e evoluiu;
- quadrantes 4 e 7: deve-se repensar a posição e a atividade do colaborador na empresa. Pode ser um problema de função ou metas descalibradas. Isso acontece muito em departamentos novos ou com baixo histórico; o profissional está alinhado com os valores da empresa, mas seus atingimentos não correspondem ao esperado. Nesse exemplo, seja bastante cauteloso. Observe se a pessoa tem resultados além dos numéricos, se apresenta conquistas estruturantes ou tem modelagem para médio prazo;
- quadrantes 5, 6 e 8: manutenção. Deixe a pessoa onde está. O colaborador do quadrante 6 talvez possa absorver mais tarefas em sua rotina e função;
- quadrante 9: essa é a pessoa mais importante do ciclo, aquela que precisa de uma promoção, seja horizontal ou vertical. Está pronta para assumir novos desafios e precisa ser recompensada como tal.

Outro ponto de atenção é como você espera que seja a distribuição de seus funcionários na matriz Nine Box. Mais uma vez, isso pode variar de empresa para empresa, mas saiba que grande parte da sua equipe está no meio, são as pessoas do dia a dia. Seu desafio como líder, gestor ou fundador é identificar anomalias e cuidar de gente, dando espaço para aqueles que precisam de ajuda.

Na Figura 22, trago uma visão dessa distribuição, com base no que aprendi ser "saudável" – algo entre 55% a 65% no nível Médio, de 10% a 20% no Baixo, e de 15% a 25% no Alto. Mas lembre-se: se sua empresa é líder de setor, grande no ramo de atuação, tem mais de duas décadas atuando com excelência, talvez seu quadrante Baixo possa ser menor que 10%.

Pode ser que você tenha pessoas acomodadas, vivendo as benesses de tempos calmos, sem muitos desafios. Nesse caso, uma reestruturação e dança de cadeiras pode ser benéfico.

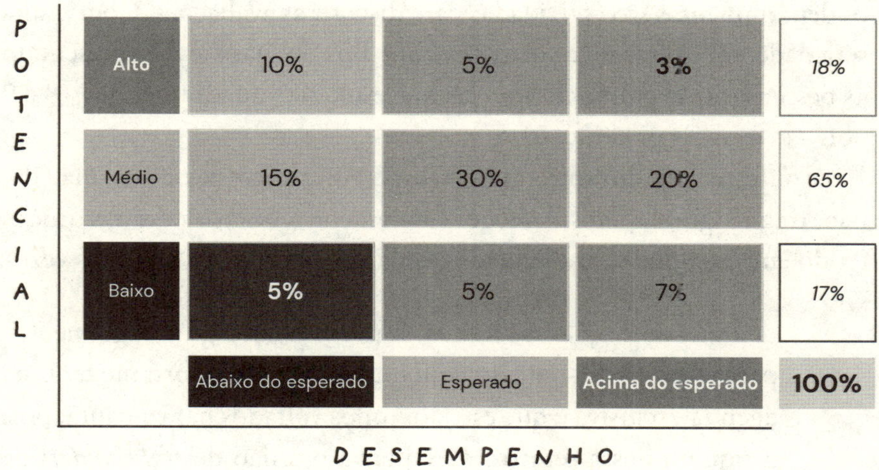

Figura 22: Distribuição média esperada dos colaboradores dentro dos quadrantes.

ETAPA 4: CALENDÁRIO E CRONOGRAMA

É vital ter um calendário prévio alinhado com toda a empresa. Minha recomendação é que se cumpram algumas etapas durante o processo, culminando na reunião anual de Gente. Dependendo do tamanho da organização, um calendário de 2 meses é mais que suficiente. Deixe mais dias disponíveis para as sessões de *feedback* – por volta de 3 semanas – para ter tempo suficiente.

Vale ressaltar que, mesmo com sistema ativo, o time de Gente precisa de tempo para tratar a base, e isso pode levar pelo menos 2 semanas. Obviamente que tudo pode variar dependendo do sistema e da quantidade de pessoas no departamento para fazer o tratamento, mas se alguém falar que é impossível fechar um ciclo de Gente em 2 meses, saiba que existem empresas que faturam bilhões e o fazem em 6 semanas.

ETAPA 5: REUNIÃO ANUAL OU SEMESTRAL DE GENTE

Esta seria a etapa final do ciclo, em que algumas pessoas-chaves de todos os departamentos são convidadas para discutir as avaliações. Com muita seriedade, todos trazem as matrizes Nine Box de suas áreas e apresentam as pessoas, principalmente aquelas que estão nos quadrantes 1, 2, 8 e 9, pois são as mais polêmicas.

Confesso que durante muito tempo fui crítico desse sistema. Por isso, trago algumas considerações e recomendações para essas reuniões, tendo em vista que já implementei esse tipo de processo algumas vezes:

- dedique de 2 a 3 dias inteiros, se possível em algum lugar neutro, para realizar essa reunião com muita calma. Importante ter uma agenda exclusiva e que estejam todos voltados para a pauta, pois a riqueza dessa reunião é escutar a opinião de *stakeholders* de outras áreas e departamentos;
- prepare uma sala confortável, pois é o tipo de encontro que dura o dia inteiro. Organizar almoço e lanches pode ser viável nesse momento tão importante. Já vi empresas que o realizam em hotel 5 estrelas, com direito a chef com estrela Michelin; também já vi reunião com orçamentos menores, na casa de um dos líderes, com refeições pedidas em aplicativos. Todos os cenários funcionam, desde que haja grande vontade e preparo para tratar do assunto "Gente";
- comece com sua área de Gente, ou com o gestor do projeto apresentando o resultado geral do Nine Box na empresa e nas áreas;

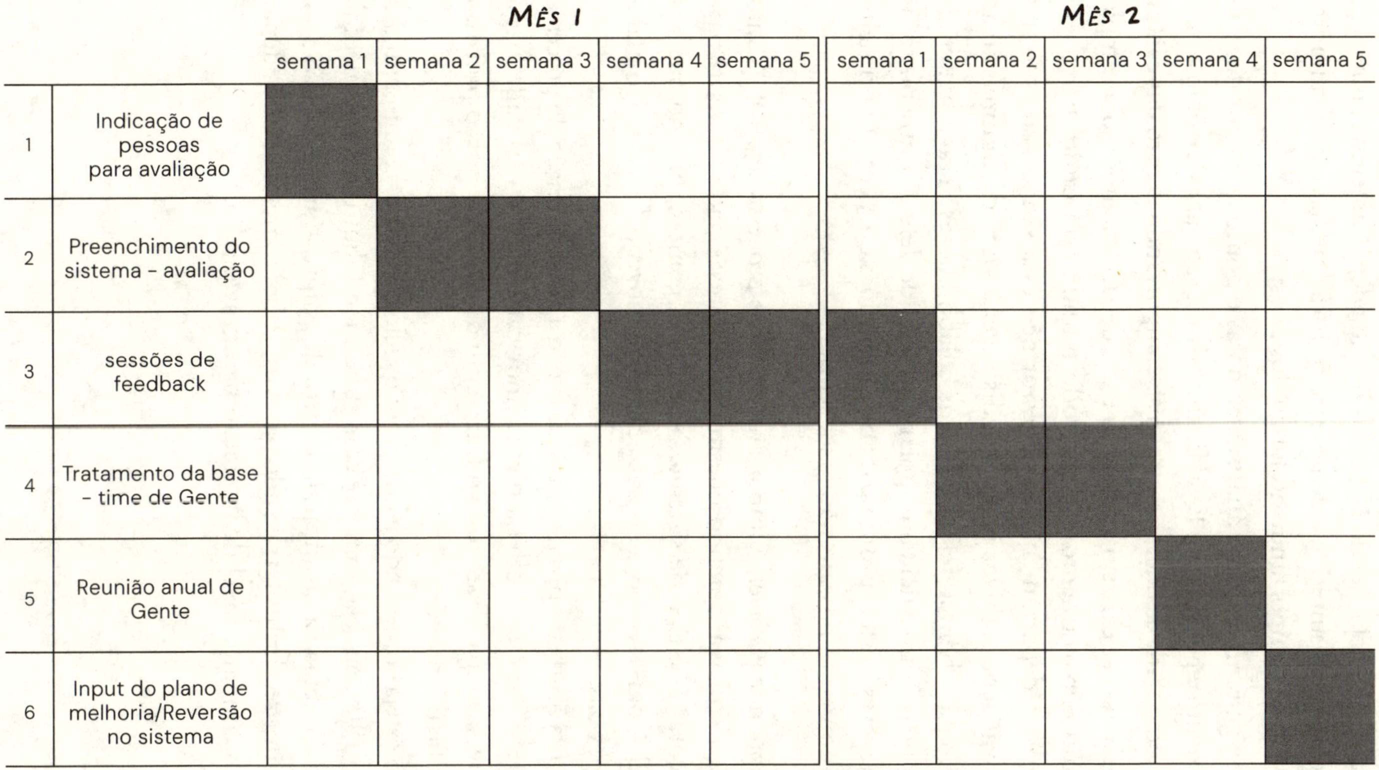

Figura 23: Cronograma para a reunião de Gente.

- traga as evoluções do Nine Box de cada departamento comparado com o ano anterior, e demonstre como as médias e os quadrantes vêm se comportando ao longo dos anos;
- traga também uma análise das notas e pontuações por departamento e por função. É válida uma discussão para ver como a base, comparada às lideranças, vem se comportando dentro das caixas;
- entenda se existem anomalias entre departamentos. Por exemplo, um departamento em que todo mundo está muito bem; será que o departamento ou o gestor não está sendo generoso nas avaliações? Talvez isso possa distorcer a visão de algumas áreas;
- prepare bem a defesa dos seus colaboradores. Traga materiais que possam elucidar e apoiar suas teses de defesa contra possíveis reveses e esteja pronto para ouvir opiniões que, em um primeiro momento, possam não fazer sentido.

Sempre que possível, é importante que esse processo seja 100% automatizado. Todavia, entendo que muitas empresas não têm verba para implementar esse tipo de sistema. Nesse caso, comece, mesmo que seja em Excel. Com o tempo, a organização vai se mover para fazer algo maior para as pessoas.

Existem inúmeras plataformas que fazem a automatização do processo de Gente. Avalie e escolha a que melhor cabe na sua realidade e seja crítico nessa etapa. Teste todo o fluxo com os usuários, pois o processo deve ser fácil e maleável.

Caso esteja começando a lidar com o ciclo de Gente, recomendo um processo 180º, ou seja, somente com superior e subordinado. À medida que esse esquema vai avançando dentro da empresa, um processo 360º se torna imprescindível, trazendo pares e colaboradores de outros departamentos com alto nível de interação para a avaliação.

NA PRÁTICA

- ☐ Crie ou revisite os itens de avaliação da cultura da sua empresa.
- ☐ Faça o Nine Box dos seus colaboradores. Mesmo que não tenha dados, faça-o de maneira mais informal.
- ☐ Crie uma reunião de Gente para decidir os próximos passos.
- ☐ Faça o Nine Box de toda a empresa.
- ☐ Crie a lista de talentos da empresa e a lista de pessoas que precisam sair, seja por aderência à cultura ou por performance.
- ☐ Crie um plano de reversão com 3 ações para os colaboradores que apresentem baixa performance, mas alta aderência à cultura – aquela pessoa que precisa de ajuda, treinamento e acompanhamento.

Capítulo 10

GESTÃO DE CUSTOS

"Nós somos o que fazemos repetidamente. Excelência, portanto, não é um ato, mas um hábito."
(Aristóteles)

Essa frase de Aristóteles elucida o fato de que a repetição leva à excelência. Para a gestão de custos, esse processo deve ser constante, ou seu negócio está fadado ao fracasso.

Gestão de custos e despesas é uma das principais e mais importantes iniciativas dentro de uma empresa. Não importa se você é CEO, fundador, diretor, gerente; ter controle das despesas irá salvá-lo no curto e no longo prazo.

Neste capítulo, não trato de endividamento ou fluxo de caixa, mas apresento algumas ações e atividades mais práticas de curtíssimo prazo e de fácil implementação, para garantir a sobrevivência da empresa.

Um dos melhores livros que já li sobre o tema é o *Double your profits in 6 months or less*, do Bob Fifer. Caso você já o tenha lido, algumas das sugestões ou técnicas que apresento podem trazer uma vaga lembrança dessa obra, que venho usando como guia há vários anos.

Apresento também alguns *insights* interessantes sobre gestão de compras, bem como técnicas de negociação para sua área de compras/ *procurement* ter mais eficiência.

MAPEAMENTO DE DESPESAS

A ideia, a princípio, é mapear os custos e categorizá-los para ter melhor entendimento da natureza dos custos na empresa. Geralmente dividimos em dois grandes blocos: despesas fixas e variáveis.

As variáveis dependem da empresa e do segmento de negócio, mas algumas técnicas podem ajudar a botar a casa em ordem. Para sermos mais práticos, vamos focar majoritariamente nas despesas fixas, mas algumas dessas metodologias podem e devem ser usadas nas variáveis também.

Mapeamento de despesas fixas

1. Liste todas as despesas. Não se esqueça de nada, até a sacola de lixo do banheiro. Separe as despesas mês a mês.
2. Tente criar microcategorias, por exemplo, "despesas de escritório", "aluguel" etc.
3. Faça um somatório total do ano. Caso tenha dados mais antigos, baseie-se neles; quanto mais informações, melhor.
4. Quando somar todas as linhas, calcule o percentual de cada linha sobre o total geral.
5. Elenque quais são as 5 ou 10 maiores despesas da empresa.

Na Tabela 9, apresento alguns exemplos bem práticos e reais de despesas fixas. Nesse caso, já se podem observar alguns ofensores fortes do caixa, além de variações relevantes das despesas fixas mensalmente. A ideia é justamente analisar essas flutuações.

Tabela 9 — Despesas fixas da empresa

Despesas fixas	Mês 1	Mês 2	Mês 3	Mês 4	Mês 5	Mês 6	Mês 7	Mês 8	Mês 9	Mês 10	Mês 11	Mês 12
Aluguel/ Escritório	R$ 15.000	R$ 15.000	R$ 15.000	R$ 15.000	R$ 15.000	R$ 15.000	R$ 17.000	R$ 17.000	R$ 17.000	R$ 17.000	R$ 17.000	R$ 17.000
Papelaria/ Escritório	R$ 1000	R$ 1000	R$ 1000	R$ 1000	R$ 1000	R$ 1000	R$ 1000	R$ 1000	R$ 1000	R$ 1000	R$ 1000	R$ 1000
Time limpeza Escritório	R$ 8000	R$ 8000	R$ 8000	R$ 8000	R$ 8000	R$ 8000	R$ 8000	R$ 10.000	R$ 10.000	R$ 10.000	R$ 10.000	R$ 10.000
Luz	R$ 2.000	R$ 2.200	R$ 2.400	R$ 2.600	R$ 2.800	R$ 3.000	R$ 3.200	R$ 3.400	R$ 3.600	R$ 3.800	R$ 4.000	R$ 4.200
Água	R$ 500	R$ 510	R$ 520	R$ 530	R$ 540	R$ 550	R$ 560	R$ 570	R$ 580	R$ 590	R$ 600	R$ 610
Lanches	R$ 200	R$ 300	R$ 400	R$ 500	R$ 600	R$ 700	R$ 800	R$ 900	R$ 1000	R$ 1100	R$ 1200	R$ 1300
Condomínio	R$ 3.500	R$ 3.500	R$ 3.500	R$ 3.500	R$ 3.500	R$ 3.500	R$ 3.500	R$ 3.500	R$ 3.500	R$ 3.500	R$ 3.500	R$ 3.500
Material de limpeza	R$ 250	R$ 250	R$ 250	R$ 250	R$ 250	R$ 250	R$ 250	R$ 250	R$ 250	R$ 250	R$ 250	R$ 250
Segurança	R$ 7.000	R$ 7.000	R$ 7.000	R$ 7.000	R$ 7.000	R$ 7.000	R$ 7.000	R$ 10.000	R$ 10.000	R$ 10.000	R$ 10.000	R$ 10.000
Telefonia/ Wifi	R$ 1.000	R$ 1.000	R$ 1.000	R$ 1.000	R$ 1.000	R$ 1.000	R$ 1.000	R$ 1.000	R$ 1.000	R$ 1.000	R$ 1.000	R$ 1.000
Total	**R$ 38.450**	**R$ 38.760**	**R$ 39.070**	**R$ 39.380**	**R$ 39.690**	**R$ 40.000**	**R$ 45.310**	**R$ 47.620**	**R$ 47.930**	**R$ 48.240**	**R$ 48.550**	**R$ 48.860**

Mas olhemos mais amplamente: na Tabela 10, utilizo as mesmas despesas e as divido em trimestres ou *quarter*. Nesse ponto, já se podem visualizar flutuações relevantes, como o custo do aluguel, que subiu de R$ 45 mil para R$ 51 mil no trimestre. Esse valor engloba 37% das minhas despesas fixas totais, portanto, deve ser a primeira a ser atacada.

Outras despesas relevantes referem-se ao time de escritório e segurança patrimonial, que, somadas, representam 40% das minhas despesas totais. Se eu somar essa porcentagem com as de aluguel e papelaria de escritório, elas representam quase 80% das despesas fixas totais.

Tabela 10: Compilado de despesas por quarter, com total e peso (%) da despesa sobre o total.

Despesas Fixas	Q1	Q2	Q3	Q4	TT	Peso%
Aluguel Escritório	R$ 45.000	R$ 45.000	R$ 51.000	R$ 51.000	R$ 192.000	37%
Papelaria Escritorio	R$ 3.000	R$ 3.000	R$ 3.000	R$ 3.000	R$ 12.000	2%
Time Limpeza Escritório	R$ 24.000	R$ 24.000	R$ 28.000	R$ 30.000	R$ 106.000	20%
Luz	R$ 6.600	R$ 8.400	R$ 10.200	R$ 12.000	R$ 37.200	7%
Água	R$ 1.530	R$ 1.620	R$ 1.710	R$ 1.800	R$ 6.660	1%
Lanches	R$ 900	R$ 1.800	R$ 2.700	R$ 3.600	R$ 9.000	2%
Condomínio	R$ 10.500	R$ 10.500	R$ 10.500	R$ 10.500	R$ 42.000	8%
Materiais de Limpeza	R$ 750	R$ 750	R$ 750	R$ 750	R$ 3.000	1%
Segurança	R$ 21.000	R$ 21.000	R$ 30.000	R$ 30.000	R$ 102.000	20%
Telefonia / Wifi	R$ 3.000	R$ 3.000	R$ 3.000	R$ 3.000	R$ 12.000	2%
Total	**R$ 116.280**	**R$ 119.070**	**R$ 140.860**	**R$ 145.650**	**R$ 521.860**	

Por qual motivo os custos da sua empresa estão aumentando significativamente todo mês e ninguém barrou isso ainda? Qual é o controle ou a governança estabelecida para mudança de custo ou despesas? Toda energia, foco e força deve estar em negociar esses valores ou mudar os fornecedores dessas 3 linhas.

TABELA 11: CUSTOS TOTAIS E VARIAÇÃO POR QUARTER (TRIMESTRE).

DESPESAS FIXAS	Q1	Q2	Q3	Q4	TT	PESO%	VARIAÇÃO %			
Aluguel Escritório	R$ 45.000	R$ 45.000	R$ 51.000	R$ 51.000	R$ 192.000	37%	Q1	Q2	Q3	Q4
Papelaria Escritorio	R$ 3.000	R$ 3.000	R$ 3.000	RS 3.000	R$ 12.000	2%		0%	13%	0%
Time Limpeza Escritório	R$ 24.000	R$ 24.000	R$ 28.000	R$ 30.000	R$ 106.000	20%		0%	0%	0%
Luz	R$ 6.600	R$ 8.400	R$ 10.200	R$ 12.000	R$ 37.200	7%		0%	17%	17%
Agua	R$ 1.530	R$ 1.620	R$ 1.710	R$ 1.800	R$ 6.660	1%		27%	21%	18%
Lanches	R$ 900	R$ 1.800	R$ 2.700	RS 3.600	R$ 9.000	2%		6%	6%	5%
Condominio	R$ 10.500	R$ 10.500	R$ 10.500	R$ 10.500	R$ 42.000	8%		100%	50%	33%
Materiais de Limpeza	R$ 750	R$ 750	R$ 750	R$ 750	R$ 3.000	1%		0%	0%	0%
Segurança	R$ 21.000	R$ 21.000	R$ 30.000	R$ 30.000	R$ 102.000	20%		0%	0%	0%
Telefonia/ Wifi	R$ 3.000	R$ 3.000	R$ 3.000	R$ 3.000	R$ 12.000	2%		0%	43%	0%
Total	**R$ 116.280**	**R$ 119.070**	**R$ 140.860**	**R$ 145.650**	**R$ 521.860**			0%	0%	0%
								2%	**18%**	**3%**

A Tabela 11 deixa claro que há descontrole, falta de gestão ou poder de barganha muito claro, mas pode-se balancear melhor o jogo com algumas técnicas e planos de ação bem executados.

TÉCNICAS PARA MELHORAR CUSTOS FIXOS E VARIÁVEIS

Orçamento por departamento ou pessoa

É necessário traçar a visibilidade de custos por pessoa ou departamento. Nesse acompanhamento, você deve trazer o máximo de histórico na curva, para visualizar o cenário como um todo e poder fazer comparações. Importante que as metas estejam bem alinhadas e claras para todos.

Outro fator relevante é a consistência, com faróis semanais ou quinzenais desse item. Dessa forma, ninguém poderá reclamar da falta de entendimento sobre os números.

Depois de mapear os custos, dividindo-os em fixos e variáveis, deve-se abrir um orçamento coerente com cada departamento ou pessoa. Esses custos devem ser mensalmente verificados e comparados (real *versus* planejado). Qualquer gasto fora do orçamento poderá ser feito somente com aprovação.

Os custos variáveis não devem ser maiores que 10% do custo total. Se o seu gasto fixo está muito alto, é possível que tenha dinheiro mal gerenciado.

Na Tabela 12, trago um exemplo de despesas mensais do departamento de marketing, apresentando as aberturas das despesas, linha a linha, ano anterior (AA) e meta, fazendo um comparativo de quanto está fora ou dentro da meta em relação ao ano anterior.

Com uma base bem fundamentada, será possível ver como se comportam os custos mensais e realizar comparações com meses específicos, fazendo perguntas coerentes e encontrando oportunidades.

Tabela 12. Controle de verbas por departamento ou pessoa

	Janeiro/2025				
	AA	Meta	Real	%AA	%Meta
Departamento MKT	R$ 211.000	R$ 203.000	R$ 206.700	98%	102%
1 Verba campanhas	R$ 100.000	R$ 115.000	R$ 128.000	128%	111%
2 Agências	R$ 35.000	R$ 30.000	R$ 28.000	80%	93%
3 Assessorias de imprensa	R$ 17.000	R$ 15.000	R$ 15.000	88%	100%
4 Materiais PDVs	R$ 28.000	R4 15.000	R$ 12.000	43%	80%
5 Reembolsos	R$ 1.000	R$ 1.000	R$ 700,00	70%	70%
6 Custo site	R$ 5.000	R$ 7.000	R$ 6.000	120%	86%
7 Desenv. Embalagens	R$ 25.000	R$ 25.000	R$ 17.000	68%	85%

Governança

Às vezes, implementar regras e diretrizes cria barreiras e torna o processo mais lento, mas isso faz parte do jogo: dificultar os gastos e alongar o processo. Para tanto, alguns questionamentos devem ser feitos:

- Qual é a governança e rotina da gestão dos gastos? É mensal ou semanal?
- Como é a visibilidade do Real versus Planejado? Quais ferramentas são utilizadas (Excel, QlikView, Tableau)?
- Quem são os aprovadores?
- Qual é a alçada de gastos?

Se você começar a delinear esse processo, o próprio alongamento da cadeia trará mais dias para pagamento. Uma conta que alguém pagava todo dia 2, por exemplo, com o alongamento do processo será paga dia 30, portanto, você ganhou mais 28 dias de caixa.

Imagine que você tem R$ 1.000.000 investidos, corrigidos a um retorno de 1,5% ao mês. Quanto você gerou a mais de caixa só no alongamento de processo? Esse tipo de ponderação, quando posto em prática, ajuda muito a saúde financeira da empresa.

ALÇADA DE APROVADORES

Existem muitas empresas que definem um teto de gastos a serem aprovados conforme o cargo, por exemplo: para gastos até R$ 50 mil, o aprovador é o gerente; de R$ 50 a 100 mil, o diretor; acima de R$ 100 mil, o vice-presidente, e assim por diante.

Na condução desse processo, algumas perguntas devem ser feitas:

- Quem serão os aprovadores?
- Qual é a alçada dos aprovadores?
- Qual é o sistema de aprovação?
- Como será a prestação de conta dos aprovadores?

Em termos de risco, o que pode ocorrer é os aprovadores não darem a devida atenção ao processo e fazerem suas aprovações no automático. Meu conselho é ter um fórum mensal de despesas, desse jeito, os responsáveis pela aprovação das despesas deverão justificar suas aprovações.

Quando algumas despesas se tornarem recorrentes, não será mais necessária a justificativa, pois já serão de conhecimento amplo. No entanto, o desenvolvimento do processo cria um senso de risco valioso para um assunto tão importante, que deve ser tratado com austeridade.

PRAZO DE PAGAMENTO

Meu conselho é que você liste seus vinte maiores gastos e tente postergar alguns prazos, com o objetivo de organizar o fluxo de pagamento, de maneira que a liquidez fique o máximo possível na sua mão.

Tente negociar prazos maiores com os fornecedores, faça cotação com outras empresas que forneçam o mesmo produto, de modo que consiga balancear da melhor maneira possível seu fluxo de caixa.

Tenha sempre sob controle o balanço do seu recebível e os prazos de pagamento. Se sua empresa recebe em 60 dias e paga a maioria das notas em 30 dias, por exemplo, você tem um *gap* de fluxo de caixa de 30 dias, e com certeza toma empréstimos caros para cobri-lo; isso precisa ser solucionado.

Na Tabela 13, observamos um *desbalanço* gigantesco, com 79% das despesas alocadas em 30 dias para pagamento. Esse efeito de liquidez perdida em um ano é muito grande. Sua empresa deveria começar a gerenciá-lo por departamento e entender como negociar pagamentos para alongar esses prazos, gerando assim mais liquidez e respiro para as finanças.

TABELA 13. MAPEAMENTO DE DESPESAS POR PRAZO DE PAGAMENTO

	GASTO TOTAL EM DIAS DE PAGAMENTO (PRAZO)				
	30 dias	60 dias	90 dias	120 dias	Total
Gasto TT	R$ 500.000	R$ 100.000	R$ 30.000	R$ 0	R$ 630.000
% Gasto	79%	16%	5%	0%	

PLANO DE AÇÃO NAS DESPESAS

AÇÃO 1: NOVOS FORNECEDORES

O ideal é que você tenha pelo menos três fornecedores de cada serviço ou matéria-prima. Esse processo dá um grande trabalho no começo e pode levar meses até negociar, alinhar prazos, homologar matéria-prima, catalogar preços, mas isso salvará sua empresa mais adiante.

É importante, também, ter uma área de compras, ou uma pessoa responsável por essa tarefa. Mesmo depois de fechar a parceria com os fornecedores, existe um trabalho de manutenção de preço e relacionamento que deve ser feito mensalmente, e isso envolve realizar muitas visitas, conhecer as pessoas.

Essa questão dos fornecedores pode ser muito bem ilustrada com um caso concreto da empresa onde trabalho. Laranja é nossa matéria-prima principal, nosso carro-chefe. No entanto, quando cheguei descobri que tínhamos apenas um fornecedor dessa fruta. Um ótimo fornecedor, é fato, mas vendemos muita laranja em nossos sucos.

Precisamos de muita laranja. E qualquer fornecedor pode apresentar problemas, ainda que sazonais. Ficar refém de um único fornecedor é correr o risco de não ter a matéria-prima em determinada situação. Se é um produto essencial para o funcionamento de sua empresa – como laranja é para nós –, o sinal amarelo precisa ser ligado.

No fim, fizemos um trabalho de desenvolver a produção de laranja também em nossas fazendas, e hoje não somos mais completamente dependentes desse grande fornecedor.

Fizemos o mesmo com os outros insumos essenciais da nossa produção. Atualmente, temos mais de um fornecedor de garrafas PET, mais de um fornecedor de tampinha, e assim por diante.

Claro que, nesses casos, é preciso ter cuidado e desenvolver um trabalho de homologação, para que a qualidade e as características sejam exatamente as mesmas, não importa se a garrafinha veio da fábrica A, B ou C. O produto final precisa ter as mesmas características. O consumidor não pode notar diferença.

Não é uma tarefa fácil. Encontrar bons fornecedores demanda energia, relacionamentos e muita sola de sapato. É preciso visitar as fábricas, solicitar amostras, fazer testes.

Estou exemplificando com um produto, mas vale também para um serviço. E, nesse caso, as características podem ser diferentes – ou até, em determinadas situações, precisam ser diferentes.

Para entender melhor, vamos imaginar que a sua empresa tenha um contrato com uma grande transportadora, para que o produto que você vende chegue a qualquer endereço do território nacional. Mas, se você está instalado em São Paulo, por exemplo, pode ser mais rápido e barato contar com um serviço de entregas por motoboys para clientes que fiquem dentro de um determinado raio. Nesse exemplo, fica claro que, para alguns serviços, é importante ter fornecedores variados e diferentes entre si.

Testes também são necessários. Antes de fechar um contrato longo de distribuição, você pode contratar pontualmente quatro empresas diferentes para o mesmo serviço e dividir suas entregas entre elas, registrando os resultados, comparando as falhas e os atrasos, medindo a satisfação dos clientes.

Em todos os casos, o importante é não ser "casado" com o fornecedor. Costumo brincar que, para essas situações, a monogamia não vale. Seu fornecedor pode ser fiel, vocês podem ter um relacionamento ótimo. Mas ficar com um só é um vício, e o ideal é saná-lo.

Ação 2: Feiras e benchmarkings

Não sei o potencial do seu *networking*, ele pode ser na sua cidade ou de grupo de amigos, mas visitar outras empresas e conhecer pessoas e processos pode te ajudar a obter informações privilegiadas.

Uma coisa que me deixou abismado em relação aos bilionários para quem trabalhei é que semanalmente eles visitam outras empresas para aprender processos e boas práticas. Com isso, encontram maneiras engenhosas de melhorar suas empresas e investidas. Talvez você não tenha tempo toda semana, mas, se me disser que não tem 2 ou 3 horas para fazer isso na semana, está errando e perdendo oportunidades.

Outro lugar frutífero para achar provedores de serviço são feiras da categoria, onde geralmente estão os novos entrantes das categorias e esses, por sinal, como novos entrantes no mercado, têm pouco poder de barganha e estão mais dispostos a negociar e abrir mão de um pouco de margem para conquistar alguns clientes.

Lembre-se: em *business*, é sempre sobre poder de barganha. Por exemplo, conseguir um novo emprego estando desempregado há 6 meses é uma coisa, mas conseguir outra proposta em uma posição de destaque é algo totalmente diferente, isso te dá mais alavanca de negociação e oportunidade de cobrar caro.

Ação 3: Dia de negociação

Crie um dia de negociação: separe uma sala e convide os fornecedores para discutir as negociações para os próximos 6 ou 12 meses. O ideal é que tenha uma sala para fornecedores antigos e outra para fornecedores novos.

Fui desenvolvendo e aprimorando esse método na prática, ao longo dos anos. Lembro de quando trabalhei na Beleza na Web e criei um processo para deixar as reuniões de negociação com os fornecedores mais eficientes e eficazes.

Era assim: o fornecedor chegava para a equipe de compras e passava um tempo batendo papo, tomando café, comendo biscoito. Aí finalmente ele mostrava uma foto do produto. Mas não tinha foco, então, acabava desviando o assunto e mostrando as fotos do filho ou da viagem das últimas férias.

Naquela época, eu era mais jovem e menos paciente, admito, mas ficava o dia inteiro nessas reuniões. Precisava transformar o processo em algo que funcionasse melhor. Então passei a deixar muito claro o briefing do produto de que eu precisava. Enfatizei que era para chegarem na reunião já para definirmos, então eu esperava ter o produto, a proposta e o prazo. Se viessem com aquela história de "o preço a gente manda depois", eu já fechava a cara e falava "então vou fechar com outro e voltamos a conversar no próximo ciclo de compras", ou seja, 45 dias mais tarde, nesse caso.

No começo, houve um estranhamento. Mas, em pouco tempo, ganhamos muita agilidade nas negociações.

Você deve estar pensando: "Que loucura, os caras podem ficar incomodados...", mas a ideia é essa. Quero que cada fornecedor perceba que, independentemente do tamanho do meu negócio, vou achar uma solução, vou fazer dar certo, com ou sem ele. Obviamente, é melhor com ele, crescendo ambos juntos.

Nesse dia, o respeito deve ser primordial. Como já comentei, não gosto dessas técnicas antigas de deixar a pessoa esperando uma hora em uma salinha fria, sem café ou água, ser descortês ou agressivo. Não precisamos tratar os outros de maneira inadequada para conseguir o que é necessário; vamos conquistá-los por meio da técnica.

Vencendo na técnica

1. Tenha um tempo estipulado para cada reunião: máximo de 1 hora (10 min para amenidades, 30 min para apresentação, 20 min para fechar as condições).
2. Deixe claro as expectativas que está buscando ("Busco 15% de desconto"; "preciso de 30 dias adicionais de prazo").
3. Não tenha medo de negociar nem mencionar outros fornecedores ("Se eu optar fechar com a empresa XYZ, vou comprar deles por 12 meses e ficar sem o serviço de vocês").
4. Mapeie e organize os custos para tomar a decisão na hora. Postergar pode ser um problema; você precisa estar pronto para fechar negócio.
5. Formalize por e-mail os assuntos tratados na ata da reunião. Isso vai transmitir seriedade, garantir o *follow-up* e demonstrar a força de sua posição, além de sua seriedade.

A Tabela 14 traz o exemplo de arquivo para negociação com as empresas, com valores, prazo de pagamento, a nota da homologação da matéria-prima necessária e a reputação da marca no mercado.

Tabela 14. Tabela para negociação com os fornecedores.

Insumo	Componente Químico ALPHA			
	Preço Insumo R$ / KG	Prazo	Nota homologada	Reputação
Químicos AS	R$ 19	30 dias	7	Alta
Chemis Inc	R$ 15	60 dias	7	Média
Compos Brazil	R$ 12	90 dias	8	Ruim
Solidus BR	R$ 14	70 dias	9	Média
ZR Química	R$ 25	30 dias	9	Alta
Minas Química	R$ 16	100 dias	8	Alta

Reputação é um aspecto que requer cuidado, mas uma pesquisa na internet (Linkedin, Reclame Aqui, processos jurídicos etc.) pode resolver o assunto. Nesse momento, também sugiro ligar para sua rede de contatos e pedir informações sobre a empresa que está em homologação.

Em 2016, enquanto estava implementando esse processo na Beleza na Web, me deparei com um preço muito diferenciado de um dos fornecedores. Na sequência, descobrimos, por meio de um contato confiável, que esse fornecedor vendia produtos perto do vencimento. Cancelamos a parceria na hora e não tratamos com ele por um tempo. Colocamos esse fornecedor na geladeira e aguardamos até ele comprovar que o assunto tinha sido resolvido.

NA PRÁTICA

- ☐ Liste suas maiores despesas.
- ☐ Mapeie-as no máximo de tempo que for possível, e analise a evolução.
- ☐ Pegue 60% das despesas e crie um plano de ação para reduzir 15% dos custos nos próximos 12 meses.
- ☐ Cadastre 20 novos fornecedores para as suas maiores 20 despesas.
- ☐ Defina metas de custos para todos os líderes da sua empresa e atrele bônus a cada uma delas. Se você não tem bônus, faça o seguinte: defina uma meta para redução de custo e prometa distribuir 20% do que economizar para seus líderes.

CONCLUSÃO

> *"Ajudar pessoas não é levá-las pela mão, não é dar a vara, não é ensinar a pescar. Ajudar pessoas é ouvir seus desejos e dizer: vamos em frente, estou aqui a seu lado."*
> (Vitor Marques)

Quando começamos juntos esta jornada, eu disse que não seria necessário investimento para fazer o que precisamos fazer, e não menti. Todas as iniciativas envolvem compromisso, processo e organização das pessoas. Mapear as atividades e ter um olhar crítico é um dos principais pilares desta obra.

Enquanto escrevia este livro, pensei muito sobre como as pessoas iriam interpretá-lo – e, claro, sobre como as pessoas iriam interpretar a minha trajetória profissional. O que quis mostrar é que ninguém precisa de um sistema caro para implantar uma gestão mais eficiente e eficaz do seu negócio.

Isso não é papo de maluco. Dá para fazer; é viável. Se você parar para pensar, é possível implantar em sua empresa esses passos que apresentei nas páginas anteriores sem que seja necessário gastar muito dinheiro. A essência é a mesma do que fazem gigantes como Ambev, Unilever e outras – a diferença é que eles conseguem investir em formas rebuscadas e automatizadas.

Tudo o que trago aqui eu já fiz em minha carreira. E muitas vezes fiz sem dinheiro, lançando mão de soluções simples para aplicar métodos consagrados e que funcionam.

Ao longo de minha trajetória, tive o privilégio de aprender trabalhando com profissionais de alto escalão de grandes empresas. Esses aprendizados vinham em forma de longas reuniões sérias, em advertências às vezes necessárias, em conversas informais na hora do almoço ou do cafezinho. E até em inesquecíveis frases de efeito.

Jorge Paulo Lemann, por exemplo, costuma dizer que "custo é que nem unha e cabelo: tem de cortar frequentemente". Lembro até da voz e da maneira como ele pronunciava as palavras dizendo isso. Funciona para qualquer negócio? Não necessariamente. Mas indica uma filosofia, uma cultura empresarial que está no cerne da companhia gerida por ele. O importante, a meu ver, é que essa frase conseguia transmitir de modo claro e objetivo a mensagem para todos os que precisavam ser lembrados dela.

Para mim, ficou o aprendizado, somado a tantas outras lições que tive com diversos gestores ao longo da carreira. Vivi tudo de forma muito intensa – por isso, essas ideias permanecem vivas e pulsantes em minha cabeça.

O que acontece é que quando precisei aplicar esses conhecimentos, percebi que o mais importante era o método, e não a ferramenta ou o software utilizado. Grande parte desses processos que implementei, aliás, foram realizados sem sistema; basicamente tudo foi feito em Excel. Em algumas situações, o que uma grande empresa resolve com um programa de computador caro e feito sob medida, uma firma menor pode fazer com uma planilha do Excel. Um sistema Oracle novinho, sem governança ou processo, é só um sistema que custa muitos mil reais a mais de sua empresa e não gera eficácia – o bom e velho "para inglês ver".

Acredite: existem muitas empresas gigantes, que faturam 4 ou 5 bilhões de reais, e não fazem nem 50% dos processos descritos no livro. E está tudo bem – tanto é que cresceram e chegaram onde estão. No entanto, implementação de gestão não é apenas sobre crescimento; trata também de controle, perpetuidade e fluidez.

De que adianta uma empresa crescer 25% ao ano, mas 10% dos funcionários estão sobrecarregados mentalmente pelo elevado nível de estresse, ou a empresa tem um *turnover* de 25% ao ano? Você quer crescer a que preço? A gestão deve trazer ordem e fluidez. Se sua área cresce sem processo, alguém está pagando o preço – e talvez o preço seja alto demais.

O time precisa ter paz e organização para trabalhar. A pior coisa que pode acontecer é você estar conduzindo um processo e chegar o fundador ou o vice-presidente e interromper uma negociação, dizer que algo deve ser feito de tal maneira, simplesmente porque assim ele deseja.

Não estou dizendo que o feeling e a experiência das lideranças são irrelevantes, mas não se pode ser assim 100% do tempo. Ninguém acerta ou é brilhante o tempo todo, por isso, o processo ajuda a organizar a gestão, trazendo para as pessoas senso de organização e rotina.

A falta de processo e gestão dentro da empresa pode prejudicar a vida pessoal do seu time, fazendo que eles trabalhem mais que o necessário, e possivelmente coloquem energia demais nos lugares errados.

O que muitas pessoas julgam ser talentos inatos em geral são profissionais excelentes em processo e gestão. Posso afirmar isso com tranquilidade, pois trabalhei com muitas pessoas relevantes no mercado brasileiro, que são obcecadas por processos e têm técnicas muito bem implementadas e estruturadas.

Você realmente acha que aquele grande vendedor da equipe é apenas um cara de lábia? Esses profissionais têm técnicas bem desenvolvidas para todos os momentos, não dão ponto sem nó. O que realmente vende não é o melhor produto ou conexão, mas a capacidade de gerenciar bem a categoria, e o relacionamento que se conquista pela confiança herdada da gestão.

Na vida prática, primeiro decidimos o que buscamos, sonhamos ou queremos e, no caminho, agregamos as melhores pessoas que encontramos ou a que temos acesso. É uma ideia até romântica achar que vou trazer as melhores pessoas para o time sem ter claro para onde eu vou, ou oferecer as condições necessárias para um bom trabalho.

Se quero trazer um CFO, mas estou no momento de apertar o caixa e organizar as finanças, por exemplo, devo investir em uma pessoa que se adeque a esse ciclo e ofereça as habilidades necessárias. Nesse cenário, não devo trazer um profissional que é mestre em M&A[8], pois, além de frustrá-lo, subutilizarei o talento dessa pessoa na empresa.

Comentei tudo isso para explicar o motivo por trás da ordem dos capítulos: como vamos desenhar um sistema de gestão para a nossa empresa se realmente não sabemos para onde queremos ir, como vamos chegar lá ou o que buscamos para esse ciclo? Por isso, os capítulos seguem a ordem que imagino ser mais adequada ao implementar a gestão dentro de sua empresa.

Um choque de gestão sempre causa fortes impactos nas pessoas e na organização. Minha sugestão é usar os 100 primeiros dias para fazer isso em três fases:

- fase 1 – Mapeamento;
- fase 2 – Organização e Brainstorming;
- fase 3 – Implementação.

Possivelmente você não resolverá tudo em 100 dias, mas esse primeiro ciclo é importante para começar a mudar a cultura e separar o joio do trigo, tanto em custos quanto em metas e pessoas. Talvez você se assuste com a reação de alguns colaboradores, mas isso é normal.

Tenha sempre muita educação e tato na condução com as pessoas. Os times tendem a ser mais amistosos quando realmente entendem a direção e os próximos passos, pois surpresa e falta de clareza geram incerteza e medo.

Quando usamos a palavra "choque", não é para causar temor ou soar como ameaça, mas para começar um novo ciclo, realinhar a nova fase. E, quando falamos de continuidade, tendemos a ser menos assustadores.

Sei que algumas vezes podemos nos sentir perdidos e não saber o que buscamos, seja nos negócios, no universo acadêmico, nos relacio-

---

8 Sigla de *Mergers & Acquisitions* (Fusões e Aquisições).

namentos. Por isso, mentores são tão importantes. Boas referências são essenciais para nos inspirar nesses momentos.

Não tem problema se não sabemos exatamente o que almejamos, mas precisamos ter uma pista para onde devemos caminhar, e geralmente isso está conectado com nossas experiências, desejos, sonhos, traumas, ambiente.

Existe um livro, possivelmente a melhor e mais impactante obra que li sobre o tema: *Discover your True North* ("Descubra seu Verdadeiro Caminho", em tradução livre), do Bill George[9]. Sei que o título soa como material de autoajuda, mas é um livro técnico, com inúmeros estudos de casos de pessoas que romperam a bolha e descobriram sua vocação por meio de afinidades formadas a partir de várias experiências, principalmente na primeira infância.

O Poder da Gestão é a minha tentativa de compartilhar, colaborar e impactar a vida das pessoas de maneira positiva. Espero que este material seja de grande valia e mude o rumo do seu negócio. Meu maior desejo com este livro é que todas as pessoas tenham acesso a um conteúdo prático e de qualidade sobre gestão, e que possam avançar em seus negócios, desenvolvendo as pessoas, a comunidade e o país.

Desejo muito sucesso a você nessa nova fase. Que o seu novo ciclo seja próspero e frutífero, e que possa ajudá-lo a levar nosso país para outro patamar.

---

9 Bill George é formado em Harvard, onde também é professor. Foi CEO de várias empresas, incluindo a Medtronic. É membro de conselho de várias companhias globais, como Novartis, Exxon, Goldman Sachs.

AGRADECIMENTOS

"E que mais direi? Faltar-me-ia o tempo contando de Gideão, e de Baraque, e de Sansão, e de Jefté, e de Davi, e de Samuel e dos profetas.
Os quais pela fé venceram reinos, praticaram a justiça, alcançaram promessas, fecharam as bocas dos leões, Apagaram a força do fogo, escaparam do fio da espada, da fraqueza tiraram forças, na batalha se esforçaram, puseram em fuga os exércitos dos estranhos."

(Hebreus 11:32-34)

Em primeiro lugar, sou grato a Deus, por tudo.

Agradeço a minha avó Luiza Hannequim, que sempre investiu na minha educação, mesmo em meio a tantas dificuldades, e a minha mãe, Márcia Catolé, por todo amor, carinho e por me ensinar a ter fé, independentemente das circunstâncias.

Também a minha tia Katia Hannequim, que faleceu em 2022 e que me ensinou o poder de se transformar. Com ela, aprendi que os limites não existem, que podemos alçar voos maiores se acreditarmos.

Por fim, agradeço a meu pai, Carlos Hannequim, que faleceu em 2021. Ele foi meu primeiro "chefe"; me educou dentro de uma loja, me ensinou a vender, como atender um cliente e foi meu primeiro professor no mundo dos negócios. Foi ele quem me ensinou o valor do trabalho e da honestidade, assim como a não ter vergonha de começar de baixo e a conquistar meu espaço no mundo.

Não cresci em um lar com dinheiro ou riqueza, mas fui cercado de pessoas guerreiras, que não se dobraram às circunstâncias. Por meio da fé, elas foram em frente, usando o trabalho como um meio de avançar na vida.

Obrigado por tudo. Amo vocês.

FONTE Adobe Garamond Pro, DM Sans, Nuvo Mono, Providence Sans
PAPEL Polen Bold 70g
IMPRESSÃO Paym

FSC
www.fsc.org
MISTO
Papel | Apoiando o manejo florestal responsável
FSC® C133282